맨투맨 비즈니스에서 무조건

Yes를 이끌어 내는

10가지 원칙

에듀워드 루드브룩 지음

주소연 옮김

등불

-고마운 분들

직접 판매의 지도자이자 조언가인 낸시, 돈 파일라, 존 칼렌치, 톰 스크라이터, 여러분들의 조언과 제게 좋은 본보기가 되어 주신 것에 대해 깊은 감사를 전합니다.
또 내 친구이자 이 책의 편집자인 조 뉴먼에게도 감사드립니다.

이 책을 나의 딸, 인디아에게 바칩니다.

머릿말

원칙. 이 얼마나 중요한 말인가.

이 원칙은 더 나은 성공을 위해 우리가 추구해야할 가장 근본적인 것임을 우리는 늘 잊지 말아야 할 것이다. 또한 우리가 인생을 가장 잘 살 수 있는 핵심이 되는 것이 바로 이 '원칙' 이다. 원칙들이 모여 성취와 생산성, 성공과 삶의 방식을 결정짓게 된다.

원칙이란 오래 전부터 모든 것들 사이에서 통용되어오던 기본적인 것을 말하는 것이다. '갓 생겨난 원칙' 이란 없다. 원칙은 오래 전부터 체계적으로 잘 다져진 것이 제대로 된 것이므로.

'새로운 원칙' 을 운운하는 사람을 조심해라. 그는 전통 있고 오래된 명품을 날조하려 드는 사람과 같다. 어딘가 수상쩍은 사람이라는 생각이 들지 않는가?

따라서 '원칙' 이라는 말은 '기본' 이라는 말과도 일맥상통한다. 당신이 좋은 삶을 살고자 한다면 늘 명심하고 실천에 옮겨야 하는 말들이 바로 이것들이다.

덧붙여 말하자면 성공에 있어 특별한 해답을 찾으려 애쓰지 마라. 성공은 기본을 지키는 데서 나오는 것이지 하늘에서 뚝 떨어지는 것이 아니다.

성공에는 왕도도 없고, 기적도 없다.

성공이란 단지 성공이란 실용적인 원칙들을 충실히 지켜나가는 데서 오는 자연스런 결과이다. 누군가가 한 유명한 말이 있듯 '성공을 하기 위해서는 특별한 일을 할 필요가 없다. 그저 평범한 일을 특별하게 해 낼 수 있다면 그것이 다름 아닌 성공인 것이다.'

－리더쉽 철학자 짐 로빈

나는 이 책에서 성공적인 직접 판매에 대한 10가지 원칙을 말하고 자 한다. 이 책은 어떤 나라의, 어떤 회사의 누구라도 볼 수 있도록 쉽게 만들어졌다.

당신이 맡은 일에서 최고가 되기 위해서는 '평범한 일'을 '특별하 게' 해낼 수 있는 방법을 익혀야 한다. 그런 면에서 당신에게 이 책 은 그 방법을 알려주는 최초의 책이 될 것이다.

7년 여 동안 나는 전 세계의 수많은 기업들을 상대로 원칙의 기본 개념들에 관해 토의하고, 가르치고 여러 가지 실험들을 해왔다.

새로운 원칙들을 만들어 내면서가 아니라, 내가 그동안 경험해 왔 던 성공적인 조직체계의 또 다른 형태들을 발견해 나가면서 나는 그 것들이 결국 성공적인 직업의 초석이라는 것을 증명하게 되었다.

조직적인 수입을 지속적으로 늘리는 방법

이 책에 〈조직적인 수입을 지속적으로 늘리는 방법〉이라는 부제 가 붙은 이유는 직접 판매의 궁극적인 목표인 '얼마나 지속적이고 얼마나 탄탄한 수입인가' 하는 것은 모두 당신이 하기에 달려 있기 때문이다.

당신이 좋은 회사에서 정확한 조직적 업무를 수행하게 된다면 당 신이 일을 그만둔 후에라도 지속적인 수입을 갖게 된다. 그것이 바 로 '연금'의 형태가 되는 것이다.

누구든 이 일을 시작할 수 있고, 수입을 가질 수 있다. 하지만 만약 불행히도 당신이 조직적 업무를 적절히 수행해 나가지 못한다면, 수 입이란 있을 수 없다. 모든 시간과 돈과 노력이 헛된 낭비에 지나지 않게 된다.

조직적인 수입을 지속적으로 늘리는 방법의 핵심은 처음부터 정확히 일을 해 나가는 것이다. 그런 의미에서 이 책은 자본을 늘리는 요령을 설명하는 최초의 책이며 모든 사람들에게 확실한 성공의 기회를 제공하게 될 것이다.

직접 판매에 있어 자본을 늘리는 것은 바로 새로운 독립 사업자 자신이 할 일을 얼마나 정확히 알고 수행하느냐에 달려 있다.

제 2의 성장 국면에서의 기회

직접 판매는 우리가 새로운 기술을 개발하면서 제1의 성장국면을 맞이했던 것보다 더 많은 수입을 보장받을 수 있는 제2의 성장국면에 들어서고 있다.

이제 직접 판매를 할 수 있는 기회가 점점 늘어나고 있고, 이에 발맞춰 우리도 더 많은 사람들을 제대로 교육시킬 수 있을 만한 방법을 모색해야 한다.

지금까지 많은 지도자들이 이 책을 직접 판매에 있어 독립 사업자 교육에 없어서는 안될 지침서라 일컫고 있다.

직접 판매의 전망에 대해 잠시 이야기한 후, 한 회사의 업무에 있어 흔히들 '시스템'이라고 말하는 프로그램 개발이 얼마나 중요한 것인지 이야기하게 될 것이다.

그 후 이 책의 제목인 10가지 원칙들과 마지막으로 이런 여러 가지 것들을 어떻게 익힐 것인가에 대해 설명할 것이다. 그리고 책 마지막 부분에 여러분의 조직에 도움이 될만한 몇 가지 개념들을 공유하고자 덧붙여 놓았다.

　당신이 이 문장을 읽는 순간에 대략 20명의 사람이 이 직접 판매 회사에 발을 들여놓게 될 것이다. 그리고 당신이 이 책의 마지막 장을 덮을 때쯤이면 천명이 넘는 숫자가 직접 판매에 과감히 도전장을 던질 것이다.
　지금 전세계에서 국적, 인종, 종교와 상관없이 수많은 사람들이 이 일에 참여하고 있는 추세이다.

　직접 판매의 재산은 '사람' 이다.
　땅, 건물, 기술에 매여 있지 않으니 우리의 재산이 사람일 수밖에.

　우리에게 있어 성공은 우리와 함께 일하는 사람들을 어떻게 교육 시키고 개발시키느냐에 달려 있다. 우리 모두가 이 분야의 전문가가 된다면 사업이 번창할 수 있는 것은 물론, 우리는 모두 성공의 단맛을 즐길 수 있게 된다.
　나는 그동안 내가 수집해 온 최고의 자료들을 여러분과 공유할 수 있게 되어 여간 기쁘지 않다. 나는 앞으로도 열정적으로 직접 판매의 발전을 위해 뛸 것이다. 우리가 지금은 힘들지만 언젠가는 성공을 거둘 것이란 것을 나는 믿어 의심치 않는다. 단 내가 설명하는 대로 잘 따라 조직을 운영한다면.
　여러분의 건투를 빈다.

- 에듀워드 루드브룩

■ 차례 ■

제 3부

부록

기타관련 자료

맨투맨 비즈니스에서 무조건
Yes 를 이끌어 내는
10가지 원칙

초판 1쇄 인쇄   2002년 3월 27

초판 1쇄 발행   2002년 3월 27

지은이 에듀워드 루드브룩

옮긴이 주소연

펴낸이 박대용

펴낸곳 도서출판 등불

출판등록   1998년 4월 3일 (제10-1574)

서울시 마포구 합정동 426-1

전화 3143-1966 332-3880 팩스 3143-2757

e-mail zinggumdari @hanmail.net

ISBN 89-8028-063-7 03320

제1부

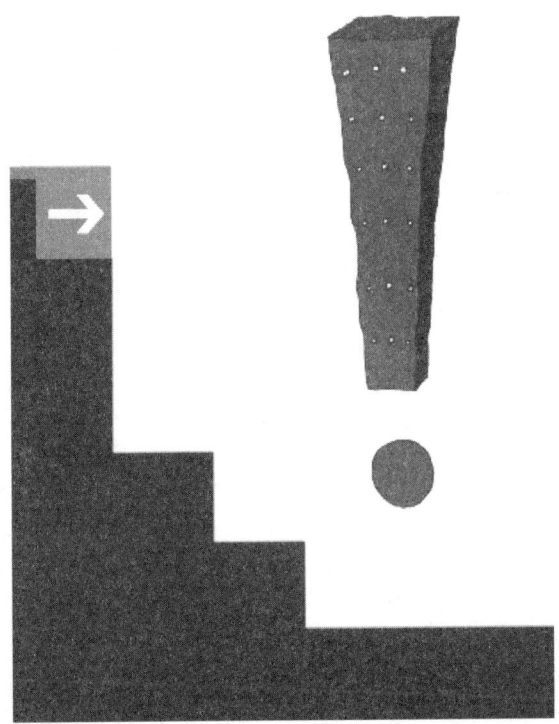

직접 판매란 무엇인가?

성공의 비결은 판매, 바로 이 판매에 있다. - 1998년 2월28일자 영국 경제신문

오늘 날 판매는 매우 중요하다. 그런 이유로 하버드 대 교수 테오도르 레비트 교수의 유명한 말처럼 '고객은 왕'이다.

어떤 사업이든 간에 고객과 친밀한 관계를 유지하면서 그들이 과연 무엇을 원하는지 알아내 최상의 서비스를 제공해야 한다.

직접 판매는 수년 동안 조용히 발전해오고 있었으며, 그 이후 발빠르고 새로운 인터넷 회사들(예를 들면 델 컴퓨터, 아마존 닷 컴 등)이 직거래를 시작하면서 주목을 받기 시작했다.

이 영향은 전 세계에 직거래 열풍을 일으키기 시작했고, 그것의 타당성은 새로운 것보다는 전통을 고수하고 싶어하는 50대의 사람들까지 앞장서게 만들었다.

직접 판매란, 말 그대로 생산자들의 제품을 고객에게 직접 유통시키는 것을 말한다. 상점들을 거치는 대신 판매원들이 소비자들을 찾아 나서고, 그들이 원하는 물건을 직접 가져다주게 된다. 독립 사업자들 각자가 자영업자, 유통업자, 상담원, 조직원들의 역할을 수행하는 것이다.

직접 판매에는 단단계(SLM: Single Level Marketing)와 다단계(MLM : Multi Level Marketing) 두 가지로 나눠져 있다.

다단계(MLM) 방식이 단단계(SLM)와 다른 점은 독립 사업자가 복합적인 단계로 이루어져 있어 그들 각각의 판매에 대한 커미션까지 수입으로 얻을 수 있다는 점이다. 하지만 요즘은 인터넷의 발달과 보급으로 인해 이 두 가지 방식의 구분이 흐려지고 있다.

다단계 회사들이 단단계 방식의 핵심인 고객을 직접 상대하는 일에 초점을 두고 있고, 단단계 회사들은 다단계의 지속적인 성공전략에 대해 관심을 가지고 연구하는 중이다. 그래서 나는 지금부터 이 두 가지 방식을 모두 '직접 판매'라 칭할 것이다.

이 두 가지가 모두 조직적인 방식으로 수입을 얻는데 공통점을 지니고 있으니 그렇게 하는 것에 크게 무리가 없을 것이라 믿는다.

조직적인 직접 판매는 이미 성공한 많은 사업가나 직장인들이 이 일에 가담하고 있어 더 큰 수입을 가질 수 있는 기회를 기대할 수 있게 한다. 다시 말해, 엄청난 수의 조직원들이 자신의 생활을 좀더 낫

사업 파트너의 조직 체계

게 할 수 있는 방법을 찾고 있고, 실제로 열심히 일하고 있으니 이 일은 발전하지 않을 수 없는 것이다.

자신만의 독창적인 방식으로 체계적인 시스템을 구축한다면 성공하지 못할 사람이 누가 있겠는가.

왜 참여해야만 하는가?

돈(Mony)

대부분의 영국 사람들은 돈에 대한 대화가 통속적이라고 생각한다. 하지만 우리는 모두 돈의 유용성에 대해 익히 잘 알고 있고, 더 갖지 못해 안달하고 있지 않은가. 돈을 더 많이 버는 것에는 기술이 필요하다. 직접 판매는 즐거운 방식으로 많은 돈을 벌 수 있는 기회를 제공해 줄 것이다.

생활비(Lifestyle Money)

독립 사업자들의 90% 이상이 자신의 생활을 좀더 개선시키기 위해 이 일을 시작했다. 직접 판매의 가장 큰 장점은 생활을 개선시켜 줄 수 있을 뿐 아니라 평균 생활비, 거기에다 마음껏 쓸 수 있는 여유분의 돈까지 마련하게 해 준다.

수입
지출 – 저당, 보험, 자동차 유지비, 연금, 위탁금, 생활비
충당 – 여유자금

수입의 90% 이상이 필수 생활비로 지출된다는 것은 누구도 부인할 수 없는 사실일 것이다. 한 달 가계 수입이 300만 원 (연간 3,600만 원)이라고 가정해 보자. 그중 여유자금은 고작 30만 원 정도에 지나지 않는다.

조직적인 판매 활동은 누구든지 간에 6개월에서 1년 안으로 매달 최소 30만 원의 수입을 올릴 수 있도록 한다. 이것은 가정에서 쓸 수 있는 여유자금이 2배로 늘게 되는 결과를 가져오게 하는 것이다.

목돈(Big Money)

조직적인 판매 활동으로 목돈을 벌 수 있다. 가장 큰 액수로 알려진 것이 한 해에 약 1억 5천만 원 정도이고, 더 놀라운 것은 얼마간 지속적으로 늘어나다가 나중에는 더 이상 일을 하지 않고도 이 돈을 벌 수 있다는 것이다.

한 번 시작해 볼 만한 일이지 않는가!

보너스(Incentives)

회사에서 수입에 따라 많은 혜택을 제공한다. 휴가, 현금, 자동차, 지분 등을 예로 들 수가 있다. 영구적이든, 일시적이든 이 모든 혜택은 당신이 이루어 놓은 성과에 대한 대가이기도 하지만, 앞으로 당신이 보여줄 수 있는 수많은 가능성들에게 주는 보너스이다.

그밖의 것들(And a lot more)

사실 대부분의 사람들이 돈 때문에 이 일을 시작했지만, 어쩔 수 없이 일을 해야만 한다는 느낌은 갖고 싶지 않을 것이다. 즐거움과 긍정적으로 일을 할 수 있는 환경, 스스로 알아서 일할 수 있는 자유로움, 다른 사람들과의 유쾌한 관계, 그리고 가장 중요한 일에 대한 자신감을 가지게 되길 바랄 것이다.

이 분야의 독특하고 자연스러운 특징은 이런 부분을 능동적으로 장려한다는 것이다. 이것이 많은 사람들이 돈의 문제를 해결하고 나서도 이 일을 계속하는 이유이기도 하다. 당신이 배워두어야 할 원칙들을 빨리 습득할 수 있다면 이러한 것들이 얼마나 중요한 것인가를 경험하게 될 것이다.

이처럼 직접 판매를 통해 당신이 얻고자 하는 게 무엇이든 당신은 얻게 될 것이다. 또 당신이 이 분야에서 성공했는지의 여부는 당신이 지속적으로 독립적인 수입을 얻을 수 있느냐에 의해 판가름되어진다.

이 책에서 제시되는 10가지 기본원칙을 효율적으로 활용할 수 있다면 당신의 성공은 불 보듯 뻔한 것이다.

열심히 일할 것인가, 현명하게 일할 것인가. 당신의 선택에 달려있다.

열심히 일한다는 것은 무엇인가?

대부분의 사람들이 직장에서 열심히 일하고 있다. 그들은 돈을 벌기 위해 시간을 투자하고 있고, 하루치 돈을 벌려면 하루치만큼의 일을 해야 한다고 믿고 있다. 즉, 돈과 시간이 비례하는 것이다.

하지만 당신이 누군가에게 고용되어 있든, 자영업을 하고 있든 자문해 봐야할 것이 있다. 과연 일을 그만 두었을 때도 수입을 얻을 수 있을까, 하는 것이 바로 그것이다. 만약 대답이 'NO' 라면 당신은 덫에 걸린 전세계 99% 사람 중의 한 명이다.

이런 사람들의 수입은 노력에 달려 있다. 그래서 일을 그만두었을 때를 대비해 보험을 들거나 연금에 가입한다.

이런 유형은 〈표1〉을 보면 알 수 있듯이 돈과 노력이 비례하고 일이 끝나면 수입도 끝나 버린다.

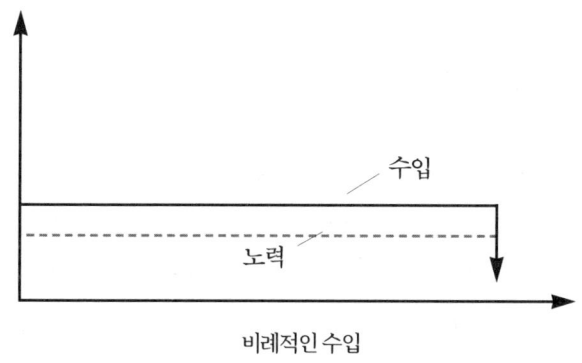

비례적인 수입

현명하게 일하기

현명하게 일하는 몇몇 사람들은 일을 그만 둔 후에도 지속적으로 수입을 얻을 수 있다. 수입과 노력이 어느 정도 분리되어 있기 때문에 노력하는 만큼 수입을 얻는 것과는 차이가 있다.

다음의 항목에 하나라도 해당이 된다면 당신은 이미 지속적으로 수입을 얻고 있는 것이다.

● 돈이나 건물을 임대해 주고 얻는 투자자본 - 전세, 이자
● 주식 배당이나 동업에서 얻을 수 있는 사업자금 - 배당금
● 책, 소프트웨어, 영화, 음악에 관한 특허로 얻을 수 있는 지적재산
- 저작료
● 조직적인 판매에 따른 고객자금 - 커미션

지속적인 수입을 얻기 위해 규칙적인 투자를 하지 않는 사람은 어리석다. 불행히도 대부분의 사람들은 자신들이 왜 풍족하지 못한지, 왜 노후에 타인에게 의지해서 살아야 하는 지에 관해 심각하게 고민해 보지 않는다.

집만 한 채 덩그러니 가지고 있다고 해서 그 집이 돈을 벌게 해주는 것은 아니다. 집을 팔든지, 세를 주든지 적극적인 태도를 보여야 돈도 벌 수 있는 것이다.

지속적인 수입을 얻는 가장 좋은 방법은 시간이 지나면서 꾸준히 가치를 늘려 가는 자본에 투자하는 것이다. 위에서 말한 몇 가지 예는 얼마간의 수입을 꾸준히 늘려갈 수 있지만, '지적 재산'의 경우는 장담할 수 있을 만한 것이 되지 못한다.

그런 의미에서 직접 판매는 점차적으로 수입을 늘려갈 수 있는 최고의 투자라 할 수 있다. 일을 하고 있을 때 뿐만 아니라 일을 그만둔 후에도 큰 수입을 얻을 수 있으니 이보다 더 확실한 방법이 어디 있겠는가.

〈표2〉에서 알 수 있듯이 초기 단계에는 노력에 비해 수입이 적다. 하지만 점점 시간이 흐르면서 요구되는 노력은 감소되고 거기에 대한 대가는 오히려 큰 폭으로 상승하는 것을 볼 수 있을 것이다. 일을 그만 둔 후에도 수입이 계속 증가하는 것도 표를 통해 알 수 있다.

직접 판매에서 우리의 최고 목표는 지속적인 수입을 가질 수 있는 기회를 얻는 것이다.

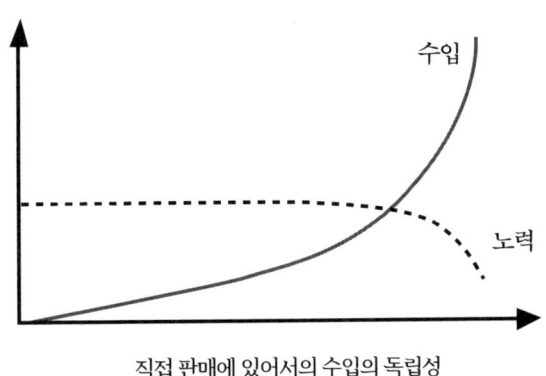

직접 판매에 있어서의 수입의 독립성

독립적인 수입

직접 판매를 하면서 당신의 수입이 지속적으로 증가하고 있다는 것은 당신이 그만큼 조직적인 업무를 정확히 수행하고 있다는 증거이다. 조직 내에서 각자의 역할을 제대로 이행해 나가야만 이처럼 '독립적인 수입'을 보장받을 수 있다.

사실 당신이 6개월 정도만 업무에 충실할 수 있다면, 그 이후엔 증가된 수입이 당신의 노력에 대한 대가로 돌아올 것이다.

이것이야말로 제대로 된 수입이다.

지금 무슨 일이 일어나고 있는가

당신은 지금까지 살아오면서 '적시적소(適時適所)'에 있을 수 있는 기회를 몇 번이나 가져보았는가?

지금이 바로 그 때이다.

직접 판매는 지금 세계적으로 가장 빠르게 성장하고 있는 산업 중의 하나이다.

1995년에서 1998년까지 전 세계적으로 직접 판매 인구가 2,100만에서 3,300만으로 증가했다고 직접 판매 연합이 보도한 바 있다. 불과 2년 동안 1,200만이 증가한 것이다.

이에 급속적인 진전을 보이며 매달 35만 명의 인구가 직접 판매에 참여하고 있다.

전문기

직접 판매는 강력하게 발전하는 추세로 꾸준한 성장을 하고 있다. 이러한 추세와 영향력은 본인의 저서 〈전망 (The Big Picture)〉에 자세히 설명되어 있으니 참고하기 바란다.

나는 2000년부터 눈에 띄게 성장하기 시작한 직접 판매가 향후 10년간은 계속 붐을 일으킬 것이라고 본다.

산업이란 결코 순탄하게 발전하지 않는다. 그것은 일정한 주기를 가지고 오르락내리락 하며 힘든 시기를 거치는 것이다. 디지털 시대의 새로운 과학 기술과 전문 기술은 직접 판매에 있어 초기 개척기에서 전문기로 넘어가는 과도기를 마련해 주었다. 〈표3〉은 직접 판매의 성장이 어떻게 개척기에서 전문기로 대체되느냐를 잘 보여 주고 있다.

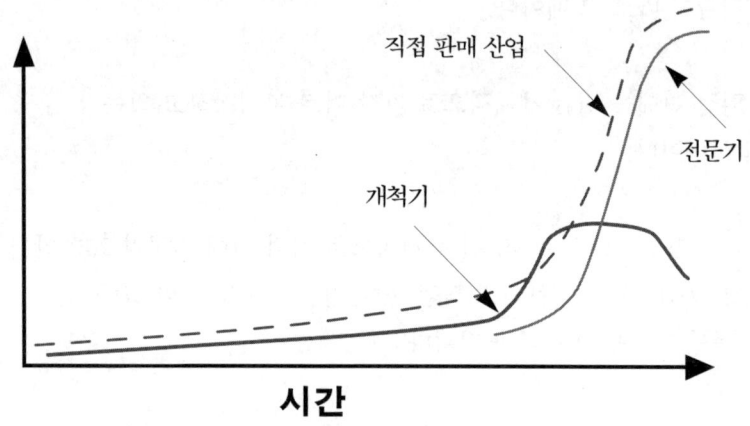

새로운 전문기로의 발돋움

개척기

직접 판매는 원래 중간 판매업의 발전된 형태이다. 더 성장, 발전하기 위해서 단기간에 성과를 얻을 수 있는 방식으로 바뀌었고, 그래서 모든 교육 프로그램과 실행 기준이 단시간에 적용될 수 있는 것들로 바뀔 수밖에 없었다.

짧은 교육으로 짧은 시간 안에 성과를 거둘 수 있다는 장점 때문에 초기에는 많은 사람들이 참여했으나, 결국 무리한 시스템으로 몇몇의 성공 사례를 제외하고는 별 성과를 거두지 못한 채 이직률만 높여 놓았다.

높은 이직률이 큰 부작용으로 작용하긴 했지만 높은 수입은 관심을 끌만한 것이어서 다시 시스템을 안정적이고 타당하게 정비한 후에는 국내외적으로 크게 확장할 수 있을 만큼 긍정적인 결과를 가져왔다.

전문기

직접 판매는 노력에 따른 수입이 나중에 일을 그만둔 후까지 지속적으로 유지되는 데 가장 큰 목적을 두고 있다. 그렇게 되기 위해 가장 중요한 것은 조직 내에서 중도 하차하는 사람들이 적어야 하며, 그러기 위해서는 개척기의 여러 가지 방식을 더 나은 방향으로 발전시킬 수밖에 없다.

무엇이 다른가

개척기와 전문기의 가장 다른 점은
●고객의 숫자를 점차적으로 늘려 가는 데 초점을 맞추는 것 (원칙4)
●새롭고 효과적인 조직 시스템의 활용

전문 회사는 다르다. 그 회사가 전문적이냐 아니냐 하는 것은 새로운 시대에 걸맞는 최신의 실용적인 시스템을 적절히 적용시키느냐 아니냐에 따라 결정된다. 사실 오래된 회사일수록 변화를 꺼리게 되고, 결국 새로운 시대에 발맞추지 못하면 그대로 도태되어 버리는 것이다.

최근 모든 사업에 있어서 회사들은 직원들의 능력을 더욱 주시하고 있다. 그들이 회사에 이익을 줄 수 있는 일을 다른 사람보다 얼마나 더 잘 할 수 있는지 집중하고 있다. 이제 주된 업무란 없다. 다른 누군가의 빈자리를 거뜬히 메울 수 있는 '만능'의 인재만이 살아 남을 수 있는 때다.

조직의 경쟁 효과

직접 판매의 경쟁 효과는 그 조직의 능력에 있다.

- 얼마나 빠르게 고객을 찾아내는가.
- 개인적인 친분으로 수준 높은 고객을 얼마나 보유할 수 있는가.
- 조직을 효과적으로 성장시킬 수 있는가.

위의 세 가지 능력은 교육을 통해 충분히 습득, 개발 가능한 것들이다. 기술의 발달이 더 나은 형태의 교육을 가능하게 할 것이다.

전문기에는 성공과 실패를 결정짓는 위의 세 가지 능력에 모든 초점를 맞추고 있다. 다행히 우리는 몇 년간의 습득기를 거칠 수 있었고, 이제는 누구라도 성공적으로 교육할 수 있는 노하우를 얻게 되었다.

전문 회사의 7가지 핵심 지침

전문기에 발맞춰 당신의 회사는 다음의 7가지 지침을 따라야 한다.

1. 고객의 층을 넓히는 데 열의 갖기
2. 조직체계의 폭 넓히기
3. 능력 개발과 평생 교육의 기회
4. 미디어에 개방적인 태도

5. 커뮤니케이션 기술의 효과적 사용
6. 세계적인 사업 경향에 관한 안목
7. 가치에 기본을 둔 공동체 형성

전문직

성공이 습득된 기술을 바탕에 두고 있기 때문에 경험이 없던 초기의 조직은 막연하고, 위험하고 어려운 상황에 처해 있었다. 하지만 시간이 흐름에 따라 더 안정적이고 확실한 전문직으로 자리 매김을 했다.

우리는 마케팅 시장 안에서 중간 판매업을 고도로 발전시키고 있다. 하지만 당신이 중개업자가 될 필요는 없다. 거버의 책 〈E-Myth〉에서 밝혔듯 세상의 대부분의 사람이 중개업자가 아니다. 다행히 당신도 중개업자가 아닌 대부분의 사람에 속해 있다.

이제 당신이 할 일은 이 조직체에서 필요로 하는 기술을 습득하는 것이다. 그 기술이란 이제부터 내가 이야기할 직접 판매의 10가지 원칙을 뜻한다. 성공하고 싶은 사람이라면 누구든지 익혀야할 원칙들을.

원칙들…

만약 당신이 그것들이 무엇인지 알고 있다면,

그것들을 습득할 수 있는 방법을 알고 있다면,

그래서 그것들을 조직 개발에 접목시킬 수 있다면.

당신이 원하는 수입을 창출할 수 있을 뿐 아니라 당신의 꿈을 실현시킬 수도 있다.

이 책을 통해 당신은 이 모든 것을 이룰 수 있을 것이다.

제2부

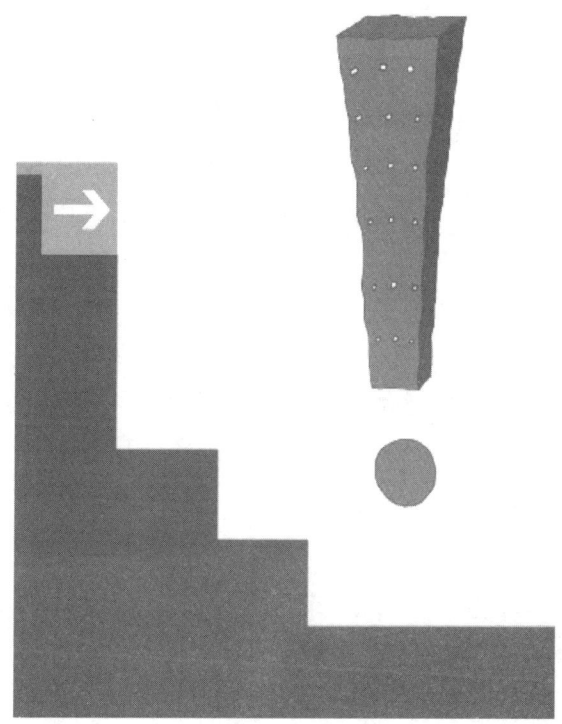

직접 판매의 10가지 원칙

10가지 기본 원칙은 효과적인 조직 개발을 위한 10가지 기본 능력과 일맥상통한다.

당신이 조직에 들어갈 때, 이 원칙들은 '시스템'이라는 이름으로 당신을 조직의 일원으로 결속시킬 것이다.

'시스템'은 상품의 범위, 마케팅 기술, 그 분야에 경험이 있는 리더, 지역, 그리고 그밖의 많은 요소들에 따라 결정되어진다.

어떤 시스템이든 10가지 원칙을 모두 적용시켜야 하며, 지식, 기술, 태도 등은 구성원의 능력에 맞게 설명되어질 필요가 있다. 당신이 조직에 들어갈 때 가장 중요한 것은 가능한 한 빠른 시간 안에 이 모든 원칙들을 익히는 것이다.

이제부터는 회사 시스템의 가장 기본 개념에 대해 토론하고자 한다. 시스템이 어떻게 조직적으로 운영되며, 당신이 그 시스템을 어떻게 익혀야 하는지에 관해 알아보자.

그렇다면 우선적으로 10가지 원칙들의 핵심 요인들과 내가 알고 있는 성공의 필수 요소에 대해 설명해야겠다.

당신이 각각의 원칙을 어떻게 실행해야 하는지 보여주기 위함이라기 보다는 그저 그것들에 대해 기본적인 이해를 돕기 위함이라는 것을 말해 두고 싶다.

당신의 회사나 조직은 당신에게 그들이 기대하는 프로그램이나 기준을 제시할 것이다.

  당신이 이제 막 직접 판매를 시작한 사람이라고 가정한다면, 다음
의 원칙들을 순서대로 실행해야 할 필요가 있다.

　　원칙 1 동기를 유발하라.

　　원칙 2 성격을 꾸준히 개발하라.

　　원칙 3 이력을 효과적으로 관리하라.

　　원칙 4 끊임없이 설명하라.

　　원칙 5 끊임없이 끌어들여라.

　　원칙 6 독립 사업자가 스스로 일할 수 있을 때까지 지도하라.

　　원칙 7 개인적인 성공을 인정하라.

　　원칙 8 당신의 '스타'와 의사 소통하라.

　　원칙 9 이벤트를 만드는 데 소홀하지 마라.

　　원칙 10 팀 정신을 개발하라.

중요 용어

시작하기 전에 알아두어야 할 몇 가지 용어들이 있다.

독립 사업자: 당신이 바로 이 위치에 있다. 직접 판매에 종사하고 있는 사람. (유통 업자, 관리자, 조직원, 상담원 모두 여기에 속한다.)

스폰서: 당신을 소개한 사람.

상위체계: 당신을 포함해 여러 사람을 소개한 사람들. 그들은 당신이 한 일에 대해 일정액 커미션을 갖게 되고, 당신이 성공적인 업무를 수행한 경우 그들은 경제적인 이윤을 얻는다.

하위체계: 당신의 팀 내에 있는 사람들로 그들이 한 일에 대해 당신이 일정액의 커미션을 갖게 되고, 그들이 성공적인 업무를 수행한 경우 당신이 경제적인 이윤을 얻는다.

효과적인 시스템

독립적인 수입
직접 판매에 있어서 당신이 필요한 독립적인 수입을 얻으려면
● 폭넓은 고객층 확보 (원칙 4 참고)
● 효과적인 조직체계

   당신 회사의 팀 리더는 이 책에서 말하고 있는 10가지 원칙을 시스템에 잘 적용시켜야 한다. 잘 갖춰진 시스템으로 일을 할 경우, 팀 내의 모든 사람이 수입을 얻을 수 있으며, 빠른 시간 안에 조직의 체계가 자리잡을 수 있다.

   시스템은 다양한 상품, 아이디어, 경험과 시장에 따라 차이가 생긴다. 잘 정비된 시스템만이 모든 사람들을 조직적으로 일하게 할 수 있으며, 나아가 조직을 성공적으로 이끌 수 있는 것이다.

시스템이 왜 중요한가
   ● 복제가 가능하다 – 좋은 시스템은 그대로 다른 조직의 본보기가 될 수 있다. 물론 조직원들의 인격은 복제가 불가능하지만.

   ● 공정하다 – 누구도 나이나 교육 정도 등을 이유로 불이익을 당하지 않는다.

   ● 관심의 대상이 될 수 있다 – 해야 할 업무를 제대로 수행했을 때 신임을 얻을 수 있다.

   ● 일을 하고 싶어하는 사람들과 능률적으로 일함으로 해서 시간을 절약할 수 있다.

시스템의 예

다음은 10가지 원칙이 잘 적용된 시스템의 예이다. 이 시스템은 수레바퀴와 같이 조직되어 있고, 새로운 사업 파트너가 중심부의 가장 중요한 위치를 차지하게 된다. 가장 중심 단계를 수행한 후 차례로 1, 2, 3 단계를 거치게 된다.

이 중심부에 해당하는 단계는 조직의 발전 과정과 특별히 밀접한 관계를 가지는 것은 아니지만, 시스템의 결정적인 기본 바탕임을 염두에 두자.

그 밖의 1, 2, 3 단계들은 이윤과 조직 체계에 구체적인 연관성을 가진 단계들이다.

중심 단계

원칙 1 동기를 유발하라.

원칙 2 성격을 꾸준히 개발하라.

원칙 3 이력을 효과적으로 관리하라.

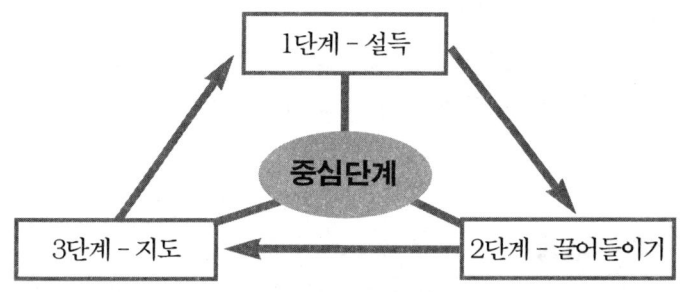

1 단계 – 설득
원칙 4 끊임없이 설명하라.

2단계 – 끌어들이기
원칙 5 끊임없이 끌어들여라.

3단계 – 지도
원칙 6 독립 사업자가 스스로 일할 수 있을 때까지 지도하라.
원칙 7 개인적인 성공을 인정하라.
원칙 8 당신의 '스타'와 의사 소통하라.
원칙 9 이벤트를 만드는 데 소홀하지 마라.
원칙 10 팀 정신을 개발하라.

스폰서

'스폰서'라는 말은 한 번쯤 들어봤음 직한 말일 것이다.
스폰서의 역할은 시스템의 모든 단계에 관여한다. 그러한 이유로 당신을 소개한 사람이 당신의 스폰서가 되는 것이다. 스폰서는 '책임감'이라는 말과 밀접한 관련이 있다(reSPONSibility). 당신이 누군가를 소개하게 됐다면 당신은 그 사람이 독립적으로 활동할 수 있을 때까지 교육해야만 한다.

도박이 아니다

일반적으로 알려진 것과는 다르게 직접 판매에서의 성공은 도박에서 돈을 따는 것과 같은 것이 아니다. 당신의 성공은 운이 좋아서가 아니라 일을 꾸준히 할만한 좋은 사람들을 소개하고, 견고한 조직을 갖추어 당신의 커미션을 늘릴 수 있는 노력을 기울였을 때에 가능한 것이다.

성공은 당신이나 당신이 속해 있는 팀이 가능한 한 많은 우수 인력을 가능한 한 빨리 찾아내는 데에 있다.

우수 인력이란 어떤 집단에 속해 있든지 간에 직접 판매 프로그램에 참여할 수 있고, 또 열의와 성공을 향해 열심히 뛸 마음가짐을 가지고 있는 사람을 말한다.

나는 당신이 가능성이 없는 사람을 설득하느라 시간을 낭비하는 일이 없길 바랄 뿐이다.

일단 당신의 팀 일원이 되었다면 어떤 종류의 사람이라도 우수 인력이 될 수 있다. 당신이 제대로 된 시스템으로 잘 이끌어 주기만 한다면.

시스템 복제 - 수의 힘

독립 사업자들이 시스템을 제대로 관리할 때, 당신의 조직은 당신이 직접적인 영향을 미치지 않아도 끊임없이 성장할 수 있게 된다. 그렇게 되면 성공적인 시스템이 되는 것이고, 조직을 확장시켜 나가는 데에도 무리가 없게 된다.

이렇게 조직이 확장되어 나간다는 것은 당신의 수입이 빠르게 늘 수 있다는 것을 의미하고, 또한 자연스럽게 그 조직에 들어오려는 사람들의 수가 많아짐으로 해서 당신은 더 많은 돈을 벌기 위해 더 많은 사람들을 끌어들여야 하는 수고를 더 이상 하지 않아도 된다는 것을 의미하는 것이다.

직접 판매에서 한 조직에 사람이 많다는 것은 각자가 해야 하는 일은 줄어들고, 수입은 더 늘릴 수 있다는 면에서 아주 좋은 일이 아닐 수 없다. 그러므로 좋은 시스템을 잘 개발해서 조직을 확장시킬 수 있도록 노력해야 한다.

시스템 복제의 예

패스트 푸드점 '맥도날드'를 예로 들어보자.

전 세계 어디에서도 찾아볼 수 있는 맥도날드는 이 많은 점포들이 모두 같은 시스템을 적용시키고 있다. 전 세계에 점포를 가지고 있다는 것은, 전 세계에서 돈을 끌어 모으고 있다는 것이나 다름없다. 시스템 복제가 어떤 힘을 가지고 있는지 알기 쉽게 돈으로 예를 들어보자.

〈하루에 1억 원을 받기를 원하는가, 10원을 매일 배로 불려 30일 동안 받기를 원하는가〉

요즘 현찰 1억 원은 대단한 돈이다. 하지만 작은 돈이 매일 2배로 불어나는 것을 보면 생각이 달라질 것이다.

1일 – 10원   2일 – 20원   3일 – 40원

이런 식으로 매일 2배로 늘어나면

10일 – 5,120원, 20일 – 5,242,880원, 25일 째는 167,772,160원으로 1억 원이 넘어선다.

그리고 30일 째에는 5,368,709,100원을 받을 수 있다.

효율적인 조직 운영

'효율'이라는 말은 사람을 겁먹게 한다. 경영 원리, 제조업 등 기술적인 분야와 관련된 냄새가 풍기는 말이라 '사람'에게 적용시키기에 어색함이 없지 않다.

사실, 사람은 기계가 아니므로 효율적으로 이용할 수는 없다. 그들은 먹여줘야 하고, 필요한 것들도, 요구하는 것들도 많고, 게다가 그것들도 사람마다 각기 다르다.

사람을 효율적으로 이용할 순 없지만, 사람이 그들의 시간, 노력, 돈이나 실질적인 이득을 가져다주는 것에는 효율적일 수 있다.

단, 시스템이 모든 사람들에게 정확하게 효율적으로 적용될 자격을 갖추었을 경우에만.

독립적인 사업자 팀

독립적인 사업자들은 다음의 요소를 갖춰야 한다.

욕망 = 하고 싶은 마음

능력 = 할 수 있는 자질

임무 수행 의지 = 과연 해낼 것인가.

이 세 가지 요소가 갖춰지면 제대로 일을 할 수가 있고 시간, 노력, 돈을 효율적으로 이용할 수 있지만, 그렇지 못한 경우에는 실패하게 된다.

이루고자 하는 일을 생각하라, 그리고 할 수 있다고 믿어라.

조직을 만들어 내는데 있어서 우리는 반드시 성공적인 시스템으로 운영해야만 하고, 모든 사람들이, 특히 새로운 판매원이 이 시스템을 수행하는 데 어려움이 없어야 한다.

'나폴레옹 힐'이 그의 저서 〈부자가 될 수 있다고 생각하라. 그러면 부자가 될 것이다〉에서 말했듯 사람이 하고자 하는 일을 할 수 있다고 믿으면, 그 일을 해낼 수 있다.

이루고자 하는 일을 생각하라. 그리고 할 수 있다고 믿어라.

새로운 독립 사업자들은 그들에게 요구되어지는 모든 것들을 할 수 있다고 믿어야 한다. 그래야 성공이 뒤따르는 것이다.

시스템은 강력하다. 맥도날드의 신화만 생각해 봐도 그렇지 않은가. 그들도 제대로 된 시스템을 갖추고 전 세계 모든 지점에서 따라 하게 함으로서 그 '맥도날드 왕국'을 유지해 나가는 것이다.

한 마디로 성공적인 시스템이란 간결하고, 효과가 있으며, 모든 사람이 실천에 옮길 수 있는 것이라야만 제대로 된 것이라 할 수 있다.

핵심 포인트

● 수입이 독립적일 수 있어야 성공했다 말할 수 있다.

● 독립적인 수입은 폭 넓은 고객층 확보와 효율적인 조직 관리가 기본이다.

● 효율적인 조직 관리는 효율적인 시스템과 10가지 원칙이 바탕이 되어야 한다.

● 시스템은 독립 사업자들에 의해 제대로 지켜져 나가야 한다.

● 독립적인 사업자들이 많은 팀이 효율적인 조직이다.

● 독립적인 사업자들은 욕망과 능력과 임무 수행의 의지를 지녀야 한다.

● 시스템은 누구에게든 적용될 수 있게 쉬운 것이라야 한다.

● 새로운 독립 사업자들은 자신이 일을 배울 수 있고, 해낼 수 있다고 믿어야 한다.

원칙1
동기를 유발하라

제인은 숨도 쉬지 않고 말했다.

"이런 날을 꿈꿔 왔어요. 오빠에게 찾아가 그의 앞에 내 수표들을 보란 듯이 흩날려 주는 날을. 그리고 그의 눈을 보며 말하는 거예요. 이제 내가 당신보다 더 많은 돈을 벌게 됐어요, 하고 말이에요. 그때 부턴 절대로 나를 얕볼 수 없겠죠."

그녀가 자신의 목표를 이야기하는 것을 본 사람은 그녀가 얼마나 강한 동기를 가지고 있는지 알 수 있을 것이다. 상기된 얼굴, 빛나는 눈빛, 점점 자신감으로 가득해지는 그녀의 표정.

그녀는 성공하기를 간절히 바라고 있다.

그녀가 앞으로 성공적인 사업자가 될 것이란 걸 아무도 의심하지 않을 것이다.

스스로 동기를 찾아라

직접 판매에 있어서 당신은 당신 자신의 상사이다. 그러므로 스스로 이에 열의를 보일 수 있는 동기를 찾아야 한다.

사실, 대부분의 사람들은 다른 누군가가 일을 하도록 권유해 주고, 열심히 일할 수 있는 동기를 마련해 주길 은근히 바라고 있다. 하지만 이것은 불가능하다. 그들이 할 수 있는 일은 동기를 가질만한 환경을 만들어 줄 뿐, 당신 마음속에 있는 의욕을 끌어낼 수 있는 것은 바로 당신 자신뿐이다.

우선 당신이 진정 원하는 것이 무엇인지, 당신에게 만족할 만한 결과를 제공해 줄 수 있을 것인지에 대한 해답은 당신만이 알고 있는 것이다.

일반적으로 직원을 고용하는 데 있어서 알려진 '당근과 채찍'은 당신 스스로 당신을 고용하는 데 있어서는 맞지 않다. 스스로의 의욕을 이끌어내는 데는 오로지 '당근'만이 있을 뿐이다.

스스로에게 줄 수 있는 당근을 찾아라

뜨거운 열의

직접 판매에서는 '동기'와 '열의'가 동의어로 통한다.

열의는 열정이며, 당신을 자리에서 일으켜 세워 일을 추진할 수 있게 하는 원동력이다. 열의는 당신의 얼굴을 밝게, 눈을 빛나게, 목소리를 높게, 몸을 움직이게 만드는 에너지이다.

뜨거운 열의. 그밖에 더 무엇이 필요한가. 당신이 하는 일에 대해 남들에게 더 적극적으로 이야기할 수 있다면 당신은 이미 열의를 갖게 된 것이다.

이제 시작만이 남았다.

열의 끌어내기

우리가 일을 하는 가장 큰 목적은 행복 추구에 있다. 세계적으로 논란을 일으키고 있는 '훼이스 팝콘'은 자신이 어떤 일을 할 때 '내가 과연 행복한가?' 하는 질문을 던져 놓는다고 한다.

이 간단한 질문 하나가 자신이 정말 원하는 것을 찾고, 그것을 얻을 수 있는 방법을 생각할 수 있는 수문을 열어주는 것이다.

그 질문에 답하기 위해 자신의 가장 근본적인 근심거리를 끄집어 내게 될 테고, 그 근심을 해결하기 위해 적극적인 행동을 하게 될 테니까.

당신의 수입에 만족하는가?

당신의 가정에 만족하는가?

당신의 인간관계에 만족하는가?

당신의 안전에 만족하는가?

당신 자신에 만족하는가?

이 질문들을 스스로에게 던져보자.

엔돌핀

엔돌핀이란 당신의 기분을 좋게 만드는 뇌 속의 호르몬이다. 당신을 흥분시키는 즉, 당신이 의욕을 가지도록 도와주는 것이 바로 이

엔돌핀이다.

당신이 주어진 상황에서 만족할 만한 성과를 얻을 수 있다고 믿을 때 뇌에서 엔돌핀이 생성된다. 이 엔돌핀을 지속적으로 생성시킬 수 있는 가장 좋은 방법은 사람들에게 자신의 꿈과 그 꿈이 얼마나 높은 가능성을 가지고 있는지 끊임없이 말해 주는 것이다.

행동에 옮기려면

직접 판매에서의 성공은 행동하는 데에 있다. 우리는 무엇이 사람으로 하여금 행동하게 하는가에 대해 알아둘 필요가 있다. 대부분의 사람들은 스스로 알아서 행동하는 데 익숙하지 않다. 대부분의 시간을 남이 언제, 무엇을, 어떻게 해야하는지 시키는대로 하는데 소비한다. 이런 이유로 당신은 스스로의 행동을 변화시킬 만한 '당근'을 준비해 둬야 하는 것이다.

당신의 행동을 변화시키는 요소는 다음의 2가지이다.

필요 & 꿈

필요

필요한 것을 충족시키고자 하는 것은 우리가 일을 하는 기본적인 이유이다. 유명한 행동심리학자 '아브라함 머슬로브'는 필요로 하는 것들도 어떤 단계가 있다고 말한다. 어떤 필요는 다른 것들보다 강하기도 하고, 또 어떤 것은 다른 것들보다도 우선적으로 충족되어져야 하는 것들이 있다고 한다.

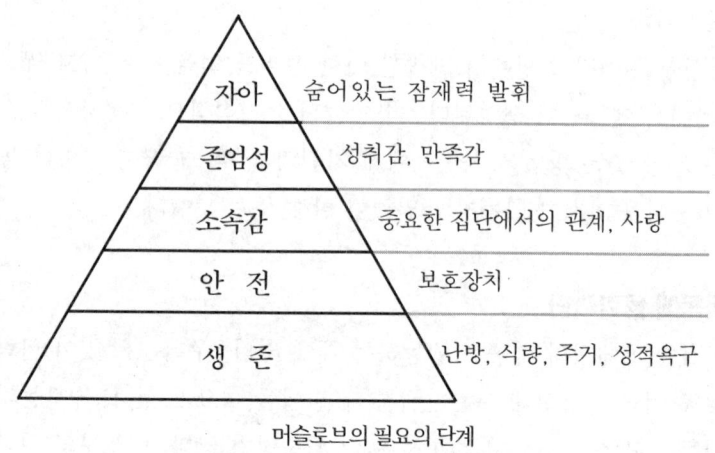

머슬로브의 필요의 단계

직접 판매는 이 모든 필요를 충족시켜 줄 수 있다.

소속감 - 원칙 9 참고

인간관계 - 원칙 2 참고

팀의 일원 되기 - 원칙 10 참고

성취감과 자기 개발 - 모든 원칙 참고 (특히 원칙 2 참고)

> **중요 핵심**
> 돈 자체가 목적이 되어서는 안 되고, 당신의 목적을 위해
> 돈을 이용해야 한다.

꿈

꿈이란 당신이 일어났으면 하고 바라는 것이다. 대부분 당신에게 주워진 기회 중 당신이 어느 정도 실현 가능하다고 생각되는 것을 꿈꾸게 된다.

당신은 좀처럼 자신의 꿈에 대해 잘 말하지 않겠지만, 사실 당신이

꿈이 실현될 거라고 믿고 그렇게 되도록 행동한다면 의욕이 강해질 것이다.

불행히도 사람들은 미래에 대해 대단히 부정적이며, 자신의 꿈이 실현될 가능성들을 그럴리 없다고 치부해 버린다.

아이들은 큰 꿈을 갖는다. 그것이 황당한 것일 지라도 그들은 당연히 실현될 것이라 믿는다.

어린 시절에서 어른으로 오는 인생의 길을 걸어오며 꿈을 잃어버리고, 심지어 꿈을 꾸는 것 자체도 잃어버린다.

사람들은 우리에게 허망한 꿈을 꾸고 있다거나 실현 불가능한 일을 하고 있다고 비난할 지도 모른다. 그리고 우리는 그들의 비난에 절망하게 된다. 그들은 우리들의 꿈을 훔치는 도둑과도 같은 존재들이며 우리에게 상처만 입힐 뿐이다.

그들의 말에 현명하고 강하게 대처해야만 우리는 우리의 꿈으로 한 발짝 더 다가갈 수 있다.

월트 디즈니가 옳았다. '간절히 바라는 일은 반드시 실현되기 마련'이라는 그의 말은 우리가 교훈으로 삼을 만한 것이었다.

새로운 기술의 시대에서는 꿈을 실현시키기가 더 쉬워졌다. 당신이 원하는 것이라면 친구, 생활 방식, 성공, 재미 등 그 모든 것을 당신이 결정할 수 있는 폭이 넓어졌다. 당신이 가질 수 있다고 믿는다면 충분히 당신의 것이 될 것이다.

불행히도 직접 판매의 기회가 다가왔을 때 사람들은 꺼려하며, 그것에 대한 미래에 대해 부정적인 측면만을 찾아 피하려고 든다.

가능한 한 많은 꿈을 가져야 한다. 그리고 어떤 일이든 간에 긍정적인 측면을 먼저 보려고 애써야 한다.

이제 독립 사업자의 기회가 당신에게 주어졌다. 할 수 있는 한 직접 판매에 관한 책을 많이 읽고 이 일에 관한 확신을 키워나가라. 그리고 의문스러운 점은 언제든지 질문하도록 하라.

끊임없는 의욕을 가질 수 있는 6가지 단계

1. 다른 사람들이 성공하고 싶어하는 이유를 찾아라.
2. 그 이유들을 당신의 이야기로 만들어 봐라.
3. 그 요소들 중 자신에게 적합한 것들을 찾아라.
4. 행동 수칙을 정하라.
5. '하지 않으면 죽는다.' 라고 스스로 인식시켜라.
6. 관련 분야의 자료를 끊임없이 수집하라.

1. 성공해야 하는 이유

당신이 직접 판매에서 성공하고 싶은 이유는 수없이 많을 것이다. 그러한 이유들이 당신이 필요로 하는 것들을 충족시켜 주고, 꿈을 실현시켜 줄 것이다.

당신은 당신 혼자 뿐 아니라 세상에 직접 판매에 몸담고 있는 모든 사람들이 왜 성공하기를 원하는지 알아둘 필요가 있다. 대부분의 이유들이 돈 때문만은 아닐 거라는 것도 기억해 두길.

최소한 10가지 정도는 찾아낼 수 있어야 한다. 그렇지 못하다면 다시 처음으로 돌아가서 직접 판매가 당신과 당신의 꿈을 위해 해 줄 수 있는 일이 과연 무엇인지부터 다시 생각해 보는 게 좋을 것이다.

2. 당신의 이야기

당신이 성공하고 싶어하는 이유를 이야기로 만들어 보아라. 다른 사람들이 당신에게 왜 직접 판매에 참여하게 됐으며, 왜 아직도 이 일을 하고 있는지 물어올 때 적절히 활용할 수 있을 것이다.

성공한 사업자들은 모든 사람들에게 적용될 법한 이유들을 꾸준히 만들어 그들에게 들려준다.

사람들은 그들의 이야기를 듣고 자신이 왜 그 일을 해야 하는지 동기를 발견할 수 있다. 그러면서 자신을 한 번 돌아보는 계기를 가질 것이다. 이것은 사업 설명을 하는데 아주 중요한 역할을 하게 될 것이다.

자신의 이야기를 만들어 본 적이 있는가? 방법을 모른다면 당신의 스폰서에게 도움을 청하라. 그 다음 당신이 할 일은 알고 있는 사람들을 만나서 그 이야기를 들려주는 것이다. 간결하고, 현실감 있고, 재미있는 이야기를.

3. 동기에 중점을 둔 목표

목표란 당신이 이루고자 하는 일들을 일컫는다. 막연한 꿈보다는 좀더 세부적인 것이라 할 수 있다. 개인적인 문제를 가지고 있는 사람들은 꿈꾸기를 두려워하고, 그래서 자신의 목표를 덜 중요한 일에 맞추기 십상이다.

목표는 당신이 하고 싶은 일에서 할 수 있는 일로 탈바꿈할 수도 있다. 그것들과 고차원적인 게임을 벌일 수도 있다. 그것을 이뤄나가는 과정에서 당신의 능력이 측정될 수도 있다. 그러므로 그것들은 당신에게 자극을 줄 수 있을 만한 것들이어야 한다. 그래서 당신이 장애를 만나더라도 기꺼이 극복해낼 수 있는, 그리고 그것들을 이루어 나가면서 스스로 위안을 받을 만한 것이면 더할 나위 없이 좋은 목표가 아닐 수 없다.

특별한 것 - 특별한 목표와 그것을 이루고 싶은 특별한 날짜를 함께 정하라.

현실적인 것 - 처음에는 이루기 힘든 목표보다는 이룰 수 있는 것으로 정한다.

긍정적인 것 - 이미 목표를 이룬 것처럼 생각하고 그것에 대한 즐거움을 적어 보라.

흥미로운 것 - 당신의 동기를 유발시키기에 부족함이 없어야 한다.

눈에 보이는 것 - 이뤄나가는 과정이 눈에 보이는 것이면 더욱 좋다.

핵심 포인트
나는 목표를 성취하는데 적극적이지 않은 사람이 성공하는 경우를 본 적이 없다.

4. 행동 수칙

당신이 필요로 하고 원하는 것이 무엇이든 실제로 행동에 옮기려면 '행동수칙'을 정해야 한다. 해야 할 일과 하지 말아야 할 일의 구분이 분명해야 하며 '지키지 않으면 죽겠다' 정도의 마음가짐을 지녀야 한다. 최근의 생활 방식 중 마음에 들지 않는 점을 끄집어내서 더 나은 삶을 위해 행동 수칙을 적용시켜 보라.

좋지 않은 의도를 가진 동기는 당신에게 전혀 도움이 되지 않지만, 당신을 행동하게 하는 강력한 힘을 가졌다. 이것은 당신이 최근의 삶이 얼마나 마음에 들지 않느냐 하는 것으로부터 시작되며, 당신 자신이나 상황에 대해 혐오감이나 실망감이 당신을 오기로 행동하게 만든다.

부정적인 동기를 발전적인 방향으로 바꿀 수 없다면 차라리 행동하지 않는 편이 낫다. 또 목표를 이루기 위해 당신을 너무 몰아세우지도 마라.

흔히들 자신에 대한 부정적인 생각이 그들을 행동하게 하는 가장 효과적인 요소라고도 한다. 이것을 좀더 효과적으로 이용하려면 스스로를 자극하는 것들을 찾아라.

이를테면 당신의 차, 집, 휴가, 시간 부족, 옷, 생활 방식이나 그것들로 인한 부수적인 불만들. 이런 것들을 떠올리며 당신을 나태해지지 않도록 고삐를 조여라.

5. 하지 않으면 죽는다.

당신의 목표가 정해졌다면 그것들을 성취하기 위해 실천에 옮길 필요가 있다. 이제 당신이 정말 하고 싶은 일을 성취하기 위해 마음을 다잡는 일이 남았다. 스스로 하지 않으면 죽는다는 각오로 임하라. 조직 내의 많은 사람들이 당신에게 많은 시간과 노력, 그리고 돈을 투자하게 될 것이다. 그들이 말하는 대로 열심히 따라하는 것 또한 바람직한 일이다.

● 당신이 납득할 수 있는 내용의 시스템만 따르라. 억지로 그것을 이해하려고 노력하지 마라.

● 당신의 성공 정도를 측정해 보기 전에 최소한 1년 정도의 시간을 두고 자신을 지켜 보라. 그러면 당신보다 경험도 많고, 많은 시간을 이 일을 하며 보낸 다른 사람들과 비교해 보기 전에 당신도 어느 정도 이 일에 대해 알 수 있을 만한 시간을 가질 수 있을 것이다.

조언자

조언자는 당신이 일에 전념할 수 있도록 도와주는 훌륭한 역할을 한다.

● 책임감이 있는 사람

● 용기를 줄 수 있는 사람

56

다음과 같은 행동들만이 성공에 필요한 인내를 갖게 할 수 있다. 이것은 미국의 대통령 '캘빈 쿨리지'의 말을 인용한 것이다.

세상에 아무 것도 인내를 대신할 수 있는 것은 없다. 재주가 많으면서 성공하지 못하는 사람은 아주 흔하다. 천부적인 재능이라는 것도 인내를 대신할 수는 없다. 교육도 마찬가지. 세상에는 교육받은 낙오자들도 많다. 인내와 결단력만이 전지전능한 힘을 지녔다.

6. 자료를 수집하라

놀라울 만큼 많은 사람들이 직접 판매나 그 상품에 대해 그 효과나 발달, 통계에 대해 알지 못하고 있다. 그것은 의학에 대한 지식 없이 의사가 되는 것이나 마찬가지이다. 너무나 프로답지 못한 일이 아닐 수 없다.

맥도날드는 두 가지 일에 관여한다. 패스트 푸드와 프랜차이즈. 만약 당신이 맥도날드 프랜차이즈를 소유하고 있다면 이 두 가지 분야 모두에 대한 최근 발전상황에 대해 늘 새로운 자료를 입수해야만 한다.

당신은 최소 두 가지 이상의 산업에 관련돼 있다. 직접 판매와 그 상품. 그렇다면 당신은 두 가지 산업 이상의 최신 정보를 수집해 둘 필요가 있다. 당신과 관련된 산업에 대해 더 많이 알고 있을수록 자신감도 커질 것이다. 그렇게 되면 당신이 직접 관여하는 상품의 가치에 대해서도 좀더 정확하게 판단할 수 있는 눈을 가질 수 있게 된다.

성공의 의욕이 넘치고 있다는 신호

✔ 에너지와 열정

✔ 성공하겠다는 결단력

✔ 변화할 수 있다면 무엇이든 하겠다는 마음가짐

✔ 책임감

✔ 개인적인 문제를 넘어선 무조건적인 협동심

✔ 결과에 대한 끊임없는 성취감

✔ 높은 수행력

성공의 의욕이 없다는 신호

✘ 어려움에 대한 과장된 불평

✘ 변화를 거부함

✘ 냉담과 무관심

✘ 시간을 잘 지키지 않음

✘ 참여정신 결여

✘ 평판이 좋지 않고 늘 불만이 많음

✘ 협동심 결여

핵심 포인트

● 정말 필요하고, 원하고, 꿈이 무엇인지 검토해서 당신이 행복해 질 수 있는 것을 정확히 알아라.

● 당신의 이야기를 만들어라.

● 목표를 설정하라.

● 행동수칙을 만들어라.

● 최소 2년 정도 시간을 가져라. 그 전에는 절대 뒤돌아보지 말아라.

● 직접 판매와 당신이 관여하는 상품에 관해 자료를 수집하라.

원칙2
성격을 꾸준히 개발하라

직접 판매처럼 사람들과의 관계가 성공의 중요한 열쇠가 되는 직업에서는 강한 성격이 매우 중요하다.

당신의 의욕을 높여 주고 여러 활동에서 사람들을 이끌 수 있는 능력이 바로 여기에서 나오기 때문이다. 일을 즐겁게 할 수 있고, 그렇게 한다면 더불어 당신에게 돌아오는 것들이 늘어나는 것은 당연한 일 아닌가.

성격이 강하다는 것은 그만큼 자신의 실패를 극복하고, 오히려 그것을 통해 무언가 새로운 것을 배울 수 있는 기본 조건이 갖추어져 있다는 뜻이다.

당신이 그렇게 할 수 있다면 당신의 주변 사람들에게도 좋은 본보기가 될 수 있다. 결국 강한 성격은 성공적인 리더쉽을 갖추는 가장 핵심적인 요소이다.

성격이란 무엇인가

성격이란 자신의 마음속에 있는 가치나 신념이 외부로 드러나는 것을 말한다. 불행히도 가치나 신념은 성공에 대한 결심을 하게 되기 이전에 형성된 것들이 대부분이어서 당신은 다음과 같은 질병에 시달리고 있을 지도 모른다.

●비난 ●일을 미룸
●무능 ●불안정

다행히 이제부터 당신은 당신을 약하게 하고 능률을 떨어뜨리며 자신감을 없게 만드는 이 질병들을 떨쳐내 버릴 수 있는 시간들을 갖게 될 것이다.

장기적인 인간 관계

사람을 상대로 하는 일은 고객과 팀 멤버들 간의 장기적인 인간 관계를 형성할 수 있느냐 하는 것에서 당신의 능력이 평가된다. 이것은 당신이 강한 성격을 가지고 있다면 훨씬 유리하다.

고객과의 장기적인 관계는 그들로 하여금 당신의 물건을 계속적으로 구입하게 할 수 있고, 친구처럼 지내게 할 수도 있다. 또 팀 내에서는 당신에게 지도를 받고 싶어할 테고, 그들과 오랫동안 좋은 관계로 일할 수 있을 것이다. 사실 직접 판매에 대한 가장 좋은 정의는 장기적인 인간 관계를 통해 질 좋은 상품을 많은 사람에게 지속적으로 유통시키는 것이라 할 수 있다.

성격을 개발하는 방법

성격을 개발하는 방법은 셀 수 없이 많은 철학과 접근 방법과 기술과 테크닉을 가지고 있다. 책을 읽고 강의도 들어보며 실행해 보는 것도 좋은 방법 중 하나이다.

더 많은 것들에 관심을 가질수록 그것들에 대한 흥미도 더 커지게 될 것이다.

다음의 4단계를 이용해 시작해 보도록 하자.

시작하기

1단계: 책임감 갖기

당신은 당신의 인생에서 일어나는 모든 일들에 대해 비난할 수도 있고, 합리화시킬 수도 있고, 또 책임을 질 수도 있다. 대부분의 사람들은 잘못이 발생했을 경우 다른 누군가의 탓으로 돌리고 싶어한다. 하지만 당신이 책임감을 갖기 전에는 절대로 당신의 인생이 뜻대로 돼 주지 않을 것이다.

2단계: 자각하라

일단 시작만 할 수 있다면 당신은 모든 사람을 사로잡을 수 있는 강한 성격을 개발시킬 수 있다. 우선 현재의 당신을 깨닫고, 앞으로 어떤 사람이 되고 싶은지 아는 것이 중요하다.

누구든 자기 자신에 대해 좀 더 안 후에야 성격 개발도 가능한 것이다. 책도 많이 읽고, 강연이 녹음된 카세트 테이프도 들어보고, 가능하다면 많은 세미나에 참가해 보는 것도 좋다.

성격 개발에 좋은 책으로는 스티븐 코비의 '성공한 사람들의 7가지 습관(The seven habbits df highly effective people)', 토니 로빈슨의 '친구에게 들은 충고(Notes from a friend)', 여성들에게는 비키 바커의 '정상에서(Back on the top)' 등으로 꼽을 수 있다.

a) 오늘의 자신에 대해 깨달아라

조직체의 리더들이 갖춰야할 10가지 성격이다. 처음부터 마지막까지 자신에게 해당하는 것들에 대해 1~10점까지 매겨 적어 보라.

마지막까지 끝마친 후 모두 더해 그것을 백분율로 환산해 보면 그것이 자신에 대한 점수이다. 그리고 부족한 항목에 대해 자신이 그것을 개선하기 위해 할 수 있는 일이 과연 무엇인지 생각해 보는 것이 바람직하다.

열정 ☐

실행의지 ☐

용기 ☐

인내 ☐

성실성 ☐

충성심	
자제력	
지식	
책임감	
진취적 정신	

총점	

이제 스스로를 위해 무언가를 할 필요가 있다는 것을 느꼈는가?

b) 내일에 대해 생각하라

당신의 내일은 어제와 같지 않다.

매일 당신이 제대로 된 방향으로 바르게 발전하고 있는지 확인하는 것에 게을리 하지 마라.

한 자리에 머물지 말고 끊임없이 깨닫고 자신에 대해 더 많은 것을 깨닫도록 하라. 매일 위의 10가지 항목으로 자신에 대해 체크해 보라.

3단계: 결정하라

늘 어떻게 행동할 것인지 결정한 후 행동하라. 미래를 향해 한 발 더 나아가라. 자신의 신념에 대해서는 확신을 가져라.

4단계: 실행하라

교육과 경험을 통해 성격을 개발시킬 수 있다. 행동하기 전에 배우는 일에 과감히 투자하라.

책과 강의 카세트 테이프를 사는데 돈을 아끼지 마라. 그리고 관련 업무에 관한 훈련을 받아라. 그 분야의 일인자에게 배워라. 조언가를 찾아라.

어떤 부작용이 있을까?

당신 자신

발전을 위해 변화해 나갈 때, 부정적인 신념과 자조적인 생각들이 생기기 마련이다. 그것들은 당신의 발전을 방해한다. 포기하고 좌절하게 하려고 마수를 뻗는다. 성공에 대해 불안해 하게 하고 실패를 두려워하게 만든다.

이것들이 성공하기 위한 한 과정이라 생각하고 극복해 내며, 그것들을 긍정적인 요인들로 바꿀 수 있어야 한다.

다른 사람들

당신의 절친한 친구나 가족들 또, 주변의 사람들은 당신이 발전해 나가는 것을 지켜보며 부정적인 태도를 보일 수도 있다.

그들은 이쯤에서 당신을 말리는 것이 당신을 위하는 일이라는 잘못된 판단으로 당신을 막지만, 사실 이것은 그들의 질투심에서 나오는 것이다. 당신은 그들의 말에 휩쓸려서는 안 된다. 오히려 그들에게 직접 판매의 긍정적인 측면을 알리고, 그들에게도 참여해 볼 수 있는 기회를 주는 것이 모두를 위해 바람직한 일이다.

시간이 얼마나 걸릴까?

성격이란 평생 개발해야 하는 것이다. 그것은 내가 이 원칙에 '계속적으로, 지속적으로' 라는 말을 자주 하는 이유이다. 조금씩 강해지면서 당신은 더 나아지기를 바라게 될 것이다. 더 많은 사람들이 당신을 우러러보게 될 것이며, 당신의 주변에 있고 싶어 할 것이며, 당신을 따르게 될 것이다. 마음속으로 제한된 기간을 만들지 말고, 언제나 끊임없이 즐겁게 발전하라.

작은 성과에 만족해 나가라

모든 변화에는 시간이 걸린다. '1% 씩' 이라는 원칙을 만들어 매일 조금씩 달라져 보라. 시간이 지날수록 즐거움도 더할 것이다.

성큼성큼 걷지 말고, 한 발 한 발 신중하게 내딛기를.

인생은 단거리 경주가 아니라 마라톤이다.

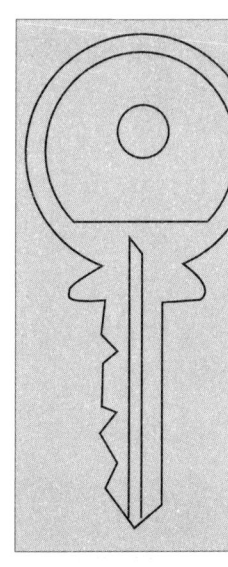

핵심 포인트

●오늘, 자신이 한 행동과 생각에 대해 책임감을 지녀라.

●오늘, 무엇을 할 것인가 생각하고, 끊임없이 자각하라.

●오늘, 더 나아지겠다는 각오로 열심히 노력하라.

●오늘, 제자리에 있지 말고 한 발 더 앞서 나가라.

●자신과 다른 사람들의 부정적인 견해에 마음 약해지지 마라.

원칙3
이력을 효과적으로 관리하라

법률 서적만 쥐고 앉아 있다고 해서 훌륭한 변호사가 되는 것은 아니다. 또 무작정 일에 뛰어들어서도 안 된다. 적절한 계획과 실습기간이 필요하다.

직접 판매는 전문직이다. 즉 당신이 그 일에 대해 알아 가는 동안, 철저히 계획하고, 체계적으로 일할 수 있는 준비를 해야 한다.

계획

계획세우는 데 실패하는 사람, 실패할 계획을 세우는 사람

당신이 앞으로 당신의 시간과 노력과 돈을 투자하게 될 것이므로 가능한 한 이것들을 효율적으로 이용하는 것이 무엇보다 중요하다. 당신이 어떤 직업을 갖게 되든 간에 미래에 대해 설계해 보는 것은 너무도 당연하다. 계획은 '2년 계획'과 '주 단위 계획'을 세울 수 있다. 당신의 스폰서나 상위 체계 중의 누군가가 이 일을 도와 줄 수 있을 것이다.

2년 계획

계획을 세울 때 너무 장황한 계획은 현실감이 없으므로 주의하라.

● 우선 당신이 이 일을 선택한 모든 이유를 적어나가 보라.

● 당신이 만족할 수 있고, 실천 가능한 일들을 언제, 어떻게 해야 하는지 미리 예상해 보라.

● 당신 뿐 아니라 팀을 위해 할 수 있는 일들을 생각해 보라.

●기본 원칙들을 정해 보라. 예를 들면 예상 비용, 훈련, 커뮤니케이션, 사업에 필요한 최신 정보를 수집하기 위해 들 수 있는 비용들과 효율적인 방법들을 생각해 보라.

주 단위 계획

매주 당신이 무슨 일을 할 것이며 그 기간 안에 끝내야 하는 일들, 배워야 할 것들, 고객의 숫자, 보고, 행사 등을 계획해야 한다.

다이어리에 적거나, 전화기 혹은 냉장고 앞에 붙여 놓고 계획을 매일 상기시켜라. 그 계획들을 복사해 당신의 스폰서에게 보내 함께 토론해 보는 것도 바람직하다.

일을 얼마나 만족스럽게 해냈는지 매일매일 체크해 보자. 하지만 스스로의 평가에 있어서는 정직해야 하고, 또 그래야만이 당신에게 도움이 될 것이다.

지금까지의 사람들의 경험으로 볼 때 '월 단위의 계획'은 시작에 있어서는 매우 활동적이고 발전적이지만 시간이 갈수록 그것들이 느슨해지고, 급기야 월말에 가서는 계획이 무엇이었는지조차 희미해지는 경우를 볼 수 있다.

반면에 주 단위 계획은 자신이 해야 하는 일에 대해 일주일에 한 번씩 마음을 새롭게 할 기회를 가지게 됨으로 훨씬 더 효율적이다.

〈표4〉에서 이 두 가지를 알기 쉽게 비교해 놓았다.

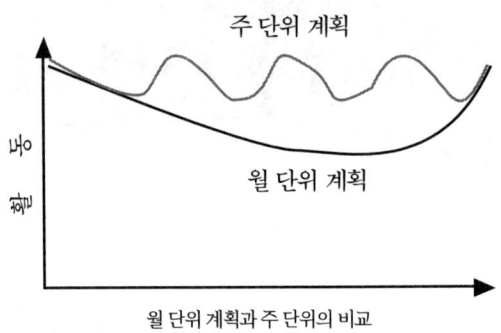

월 단위 계획과 주 단위의 비교

계획 확인

당신이 시간을 더 효율적으로 사용할 수록 당신과 당신의 조직은 더 발전하게 된다. 하지만 집에서 일할 수 있는 시간 운영을 효율적으로 하지 못한다면 그것 역시 대단한 시간 낭비가 아닐 수 없다.

1. 자금

통장의 예금 계좌를 두 개로 만들어라.

하나는 자신의 것과 다른 하나는 직접 판매 조합의 조합원 명의로 가지고 있는 것이 좋다. 그렇게 하면 당신의 개인적인 자금과 직접 판매와 관련된 자금이 분리되어 관리하기도 수월하다.

이 두 가지 자금의 계산을 확실히 해 두고 직접 판매에 관련한 수입은 조합원 통장으로 들어올 수 있도록 조치를 취해 두도록 하자. 그렇게 하면 세금에 대해서도 상당한 이익을 볼 수 있다.

조합원 명의로 되어 있으면 세금 감면 혜택이 있을 수 있고, 당신이 다른 직업을 가지고 있다고 해도 이 통장으로 임금을 받는다면 그것까지도 세금을 감면 받을 수 있다.

2. 의사소통 수단

직접 판매에서 가장 중요한 것은 의사소통이다. 사업 파트너들과 지속적으로 연락할 수 있어야 한다. 자동응답기나 휴대폰, 호출기 등은 이 일에 아주 중요할 일을 하므로 돈 아깝다는 생각하지 말고 기꺼이 투자하라.

보상제도

당신이 사업설명을 얼마나 했느냐에 따라 보상의 정도가 결정된다. 이것을 당신의 조직에게도 아주 중요한 문제이다. 이 혜택을 얻기 위해 어떻게 해야하는지 알아보자.

기본단계: 리더쉽을 갖기 위해 어떻게 해야하는지 기본적인 방법들을 익혀라. 대부분 이 단계에서 포기하는 사람들이 많다. 하지만 가능한 한 빨리 이 단계에 익숙해 질 수 있다면 다른 단계들도 문제없이 넘어갈 수 있을 것이다.

실행단계: 이 단계에서는 당신이 해야 할 일들에 대해 정확히 파악

하고 다른 사람들에게도 스스럼없이 당신의 계획에 대해 말할 수 있을 정도가 되어야 한다. 그 계획이 과연 효과적인가에 대해서는 너무 고민할 필요가 없다. 누군가의 말처럼 '계획이 효과적인가를 고민하기보다는 자신이 그 일을 효과적으로 해 낼 수 있을 것인가'를 고민하는 게 더 바람직하다.

자격

각 계획마다 계획이라 불리울 만한 기본 조건이 있다. 예를 들면 '그룹 매출 200만 원 돌파', '매달 00명 이상 고객 확보' 등 수입에 도움이 될 만한 것이어야 한다.

사실 사업자들이 계획에 실패하는 요인 중의 하나가 자신이 지키기에 벅찬 계획을 세우는 데에 있다. 너무 큰 계획을 세워 실패했을 때는 돈에 대해 손해도 손해지만, 자신감을 상실한다는 데에 큰 문제점을 가지고 있다.

> **!** 지킬 수 있고, 자격에 벗어나지 않는 범위 내에서 세우는 계획이 효율적이다.

주문체계

많은 판매원들이 주문의 기본 단계에 대해서도 알지 못하는 경우가 많다.

- 어떤 상품을 주문할 것인가?
- 어떤 마케팅 전략을 사용할 것인가?

- ●돈은 어떻게 지불할 것인가?
- ●행사나 모임이 있는 것을 어떻게 알 수 있는가?
- ●자신이 관련된 분야의 새로운 정보를 어떻게 얻을 수 있을 것인가?

일을 시작하자마자 이것들에 대해 알아두고 일을 시작할 필요가 있다.

도움을 줄 수 있는 사람들

어떤 일을 하든 간에 당신을 도와줄 수 있는 사람이 필요하다. 특히 당신이 그 일에 대해 초보자라면. 또 당신의 일에 대해 부정적인 비난을 받았거나 일에 실패했을 경우 그 사람들의 도움이 더욱 더 필요하지 않을 수 없다. 그래서 당신은 당신을 도와줄 만한 사람들을 주변에서 찾아두어야 한다.

당신이 그토록 성공하고자 갈망하는 이면에는 당신의 주변 사람들이 당신을 절망하게 할 수도 있고, 또 반면에 성공의 기반을 마련해 줄 수도 있을 것이다. 다소 시간이 걸리더라도 당신이 하는 일에 대해 그들에게 이해를 구하고, 사람들이 당신의 성공을 함께 빌어줄 수 있도록 하는 것이 좋다.

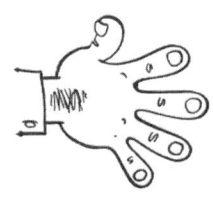

1. 자기 자신
당신 몸이 당신의 재산이다. 늘 스스로를 돌보며, 스스로의 기분을 맞춰줄 수 있도록 노력하라.

해결방법: 직접 판매를 통해 당신의 인생이 달라질 수 있다고 믿고 스스로 즐거운 기분으로 일할 수 있도록 해야 한다. 건강이나 인간관계, 재정 상태 등을 꼼꼼히 챙겨 스스로 불이익을 당하는 일이 없도록 하라.

직접 판매와 같은 새롭고 획기적인 일을 할 때에는 당신의 인생관도 그에 맞춰 변화를 할 필요가 있다. 살아 있다는 것은 행복한 일이고 스스로 자신을 돌보지 않는다면 남들도 자신에 대해 관심을 가져주지 않을 것이란 생각으로 늘 자신을 사랑하고, 발전시키도록 노력하고, 늘 배우려고 노력하는 자세로 살 필요가 있다.

2. 가까운 사람들

당신이 직접 판매를 하고 있다고 하면 당신의 가족, 친구들이나 당신과 가까운 사이였던 사람들이 실망스러워 할지도 모른다.

그들은 당신을 가정이나, 사무실, 사적인 모임에서 다시 보게 되기를 바라며 다시 예전처럼 살게 되기를 바랄 것이다. 그들이 이런 생각을 하는 데는 많은 이유를 가지고 있다. 그들은 이 분야에 대해 당신만큼 잘 알지 못하므로 당신의 성공여부에 대해 상당히 부정적인 견해를 가지고 있으며, 심지어 당신의 일을 방해하려 들지도 모른다.

해결방법: 그들에게 당신이 하는 일이 얼마나 비전이 있는 일인지 설명하라. 당신이 이 일을 통해 성취해 내려는 것이 무엇인지 잘 설명하라.

그들 역시 함께 성공할 수 있다고 설득해야 한다. 가장 좋은 방법은 그들이 우리와 함께 일할 수 있도록 하는 것이고, 그럴 수 없다면 우리의 행사에라도 참여할 기회를 가질 수 있도록 돕는 것이다.

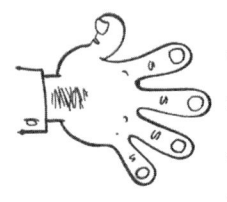

3. 당신 영향을 받을 수 있는 사람들의 의견

당신이 그동안 살아오면서 당신의 태도나 인생관에 영향을 미쳤던 사람들이 있을 것이다. 가족이 될 수도 있고, 친구, 혹은 직장의 동료가 될 수도 있다. 당신은 그들이 당신의 일에 대해 긍정적으로 생각해 주고 용기를 주기를 바랄 것이다.

해결방법: 다음과 같은 방법들이 효과가 있을 것이다.
- 직접 판매의 가능성에 대해 설명하라.
- 당신의 회사가 얼마나 믿을 수 있는 곳인지 설명하라.
- 금방 큰 돈을 벌 수 있는 것이 아니라 이 사업에 대해 배우고, 큰 수입을 얻기까지는 시간이 걸린다고 설명하라.
- 당신이 성공하기 위해 이 일이 당신에게 얼마나 필요한 것일지 설명하고, 그들의 협조와 격려가 얼마나 중요한지 설명하라.

만약 당신이 이런 얘기들을 제대로 할 수 있다면 그들은 당신을 믿고 격려해 줄 것이다. 그래도 여전히 그들이 당신을 비난하고 당신의 일을 우습게 본다면 당신은 그가 진정 당신을 위해주는 사람인지 다시 생각해 볼 필요가 있다.

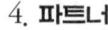

4. 파트너

2:1 시스템이 가장 바람직한 일의 형태이다. 당신의 결정에 대해 다시 생각해 볼 수도 있고 다양한 사람들을 만날 기회를 가질 수도 있으며 서로 도울 수 있다는 점에 가장 큰 장점이 있다. 굳이 친구나 남편, 형제, 자매가 아니라도 상관없다.

해결방법: 친구나 동창이나 직장 동료 중, 혹은 당신과 마음이 맞을 수 있는 누군가를 찾아 보라. 당신을 격려하고 힘을 줄 수 있어야 하며, 서로 힘이 되어주고 의지할 수 있는 상대여야 한다.

변화에 태연하라

당신이 정말 잘 되고 여러모로 발전하기를 바라지 않는 사람이 있다는 것을 늘 잊지 마라. 당신이 늘 편하고 늘 같은 위치에 있기를 바라는 사람들. 의외로 그런 사람들은 당신의 가장 가까이 있다는 것을 명심하라.

그들은 당신이 변하는 것에 대해 거부감을 가지고 있다. 천천히 시간을 가지고 그들을 설득하라. 그래도 그들이 태도를 바꾸지 않는다면 그들과의 관계를 오래 지속시키지 않는 것이 좋다.

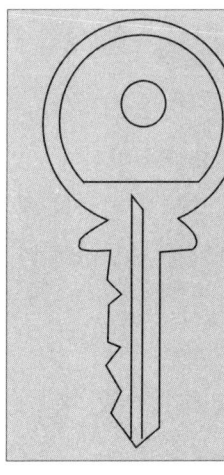

핵심 포인트

● 2년 정도의 계획을 세워 보자.

● 그리고 주 단위 계획으로 세분화하자.

● 수입을 분류해 통장을 만들어라.

● 의사소통 할 수 있는 수단에 과감히 투자하라.

● 체계적인 팀워크를 하면서 보상제도에 대해서도 알아두자.

● 도움이 될 만한 사람들을 설득시키자.

끊임없이 설명하라

직접 판매에서 사업설명을 잘 하는 것은 가장 중요한 원칙이다. 그렇지 않으면 돈을 벌 수 없는 것은 물론 독립적인 수입은 남들의 얘기에 불과한 것이다. 당신이 어떤 종류의 직접 판매를 하느냐에 따라 설명하는 방법은 두 가지로 나뉜다.

●다단계 판매의 경우는 새로운 고객들을 대상으로 상품을 소개한다.

●위탁 판매의 경우는 회사에 등록된 회원들을 대상으로 상품을 소개한다.

설명을 하는 방법은 여러 가지가 있고 당신이 관련된 상품이나 당신의 조직에 따라서도 달라질 수 있다.

고객층을 늘려라

당신이 어떤 상품을 판매하든 간에 다양한 고객층 확보는 아주 중요하다. 수입의 원천이며, 회사의 수익을 높일 수 있는 기본 조건인 것이다. 어떻게 할 것인가 계획을 잘 짜야 한다.

만약 당신이나 당신의 조직이 폭넓은 고객 층을 확보할 수 없다면 이미 실패한 것이나 다름없다.

직접 판매에서 수입을 얻을 수 있는 두 가지 방법

- 조직의 폭을 넓히는 것
- 고객의 폭을 넓히는 것

조직의 폭을 넓히는 것은 물건을 구매할 고객을 확보할 판매원들이 많다는 것을 의미한다. 그것을 통해 수입을 얻는 방식이다. 또 판매원들이 그들의 프로그램을 발전시키기 위해 자신들의 물건을 구매하기도 한다. 이렇게 되면 수입이 느는 것은 당연하다. 판매원들이 상품을 주문하지 않는다면 수입도 없다.

고객의 폭을 넓히는 것은 새로운 고객을 확보해서 물건을 사게 함으로 해서 수입을 늘리는 것을 의미한다.

간혹 고객들은 당신이 관여하지 않는 물건을 주문할 수도 있다. 그런 경우에도 주문을 해 주어야 한다. 그래야 그들이 다른 물건이 필요해 주문을 할 때도 당신에게 연락을 하게 할 수 있는 방법이다.
그들에게 매달 회사들의 프로그램과 매달 정보지를 보내주고 필요한 물건이 없는지 확인하라. 이렇게 함으로 해서 고객을 확보할 수 있는 것이다.

고객의 폭을 넓히는 것의 가장 좋은 방법은 끊임없이 설명해 주는 것이다. 그들에게 직접 판매에 대한 확신을 심어주고 그들을 만족시키는 데는 꽤 많은 시간이 걸린다.
어떤 사람들은 새로운 고객을 확보하는 것보다 있는 고객을 잘 관리하는 것이 훨씬 더 쉽다고 말한다. 또 다른 경우는 이미 확보한 고객을 관리하는 것보다 새로운 고객을 찾는 것을 더 선호하는 독립 사업자들이 있다.

이제 회사들도 독립 사업자들이 직접 주문을 받고, 직접 물건을 가져다주도록 교육하고 또 그에 따라 수입도 올려 주는 방식을 채택하고 있다.

끊임없이 고객을 확보하라.
고객이 물건을 계속 주문할 수 있도록 물건의 품질에 대해 확신시켜라.

상품 구매 습관 바꾸기

직접 판매의 가장 큰 목적은 고객들이 집에서 편히 앉아 물건을 구입할 수도 있음에도 불구하고 직접 상점에 나가 물건을 사는 습관을 바꿔 주고 그에 따른 포인트를 받을 수 있다는 것을 알려 주는데 있다.

디지털 시대가 다가옴에 따라 이런 추세가 점점 변하고 있는데 발
맞추어 고객들이 당신을 통해 필요한 물건을 구입할 수 있도록 하는
데 주력해야 할 것이다. 이것이 바로 고객의 폭을 넓히는 방법인 것
이다. 고객이 당신에게 물건을 사게 하는 가장 좋은 방법은 당신에
게 부탁을 하게 하는 방법이다. 그들이 필요한 물건을 구입할 수 있
도록 당신이 성심 성의껏 돕는다면 그들의 구매습관은 당신을 통해
물건을 사는 것으로 바뀌게 될 것이다.

광고 방송

전 세계적으로 상품 광고만을 전문적으로 하는 방송이 생길 만큼
광고 방송이 대중화되어 가고 있다.

광고 방송이란 상품을 소개하는 짧은 광고들로만 이루어진 방송을
뜻한다. 텔레비전 채널을 돌리다 보면 이런 방송들이 자주 눈에 띌
것이다. 이런 것들은 우리가 흔히 말하는 CF 보다 길이도 훨씬 길
고, 상품에 대한 설명도 훨씬 더 상세해 고객이 구입하고자 하는 물
건에 대해 더 많은 정보를 가질 수 있도록 도와준다.

사실 이 광고 방송을 통해 상품을 알리는 것은 믿을 수 없을 만큼
성공적이다. 왜냐하면 방송에 상품을 세세히 알려 줄 수 있는 광고
라면 믿을 수 있는 물건이라는 뜻이기 때문이다.

또, 간혹 그 물건을 사용해 본 사용자들이 나와 그 물건들에 대한
긍정적인 평가들을 하기 때문에 고객들은 더 신뢰를 가지게 될 것이
다. 종종 유명인사나 인기 연예인들이 나오는 경우는 그 효과가 더
클 수밖에 없다.

직접 판매는 독립 사업자들이 자신들의 고객을 찾아가 이런 정도의 상품 광고를 곁들여야 한다. 고객이 필요로 하는 물건에 대해 스스로 만든 제품 설명서나 비디오 테이프를 가지고 고객에게 보여주며 상세히 설명해 준다든가 하는 것이 그것의 좋은 예이다.

우리는 이것을 '구두 광고'라 한다. 이것 또한 효과적인 광고 중 하나이다. 그냥 막연하게 그 물건이 좋으니까 사라는 식의 판매 활동보다는 훨씬 더 믿음이 가지 않겠는가.

평균 고객지수

평균 고객지수는 각각의 고객들이 당신에게 얼마나 이익을 줄 수 있는가를 산출해 볼 수 있는 것이다.

수입의 정도가 정확하게 구별되는 것이 아닌 일을 할 때는 이 평균 고객지수를 산출해 볼 필요가 있는 것이다. 그러면서 고객 하나 하나의 소중함을 다시 한번 생각해 보게 되기도 하고 그들에 대한 서비스에 대해서도 돌아볼 수 있는 계기를 마련해 준다는 점에서 중요한 일이다. 더불어 당신의 수입에 대해 더 명확히 알 수 있다.

알기 쉽게 계산해 보자. 당신이 판매할 수 있는 물건을 가지고 있다고 가정해 보자. 당신은 어떤 고객이 물건을 한 번 구매할 사람인지, 사용 후 다시 주문할 사람인지, 아니면 계속해서 다른 물건들을 살 사람들인지 대략 감을 잡고 있을 것이다.

당신의 고객이 100명이고 당신의 물건이 한 달에 한 번 판매될 수 있는 것이라고 생각해 보자. 50명은 한 번, 25명은 두 번, 10명은 세 번, 10명은 여섯 번, 5명은 장기 고객으로 5년 즉, 60개월 동안 물건을 샀다고 가정한다면 얼마나 많은 고객들이 물건을 주문 했을까?

$$50 \times 1 = 50$$
$$25 \times 2 = 50$$
$$10 \times 3 = 30$$
$$10 \times 6 = 60$$
$$5 \times 60 = 300$$
$$\overline{\text{총 } 490}$$

즉, 고객이 평균 물건을 구입한 것은 490/100 = 4.9%이다. 그 고객들이 평균 3만 원씩 구입을 했다면 4.9×30,000=147,000원 이다. 또 각각 3만 원 주문시 12,000원의 이익을 얻는다면 평균 고객지수는 58,800원이 되는 것이다.

당신의 팀원 100명이 각각 100명씩의 고객을 확보하고 있다면 당신은 10,000명의 고객을 가지고 있는 것이나 다름없다. 또 그 독립 사업자들이 자신의 고객들에게 한 번 더 주문을 받아낼 수 있다면 당신은 3만원 어치를 구입하는 고객에 대해 1,200원의 수입을 얻을 수 있다면 결국 당신에게 돌아오는 돈이 120,000원이 되는 것이다.

조직이란 많은 사람들이 자신의 일에 조금씩만 더 신경 쓰면 모두가 많은 수입을 얻을 수 있는 장점을 가지고 있다. 고객의 층을 늘리고 이미 확보한 고객을 유지하려고 신경 쓴다면 평균 고객지수를 통해 알 수 있었듯이 모두의 수입이 날로 발전하는 것이다.

알아둘 것 당신의 프로그램이 고객의 주문이나 또 고객의 공급이 자동적으로 이루어질 수 있게 하는 제대로 된 프로그램이라면 고객이 먼저 당신을 찾게 되는 일도 아주 먼 이야기만은 아닐 것이다.

판매 절차

고객을 확보하고 또 판매에까지 연결시키는 데에도 절차가 있다. 당신이 전문적인 지식을 가지고 그들에게 다가갔을 때 더 많은 고객들이 당신을 신뢰하고 또 당신의 고객이 되어줄 것이다.

그들이 상품에 만족할 수 있도록 확신을 준다.

상위체계나 회사에서 제공하는 판매 수칙을 알아두면 더 유능한 판매원이 될 수 있다. 기준은 다음과 같다.

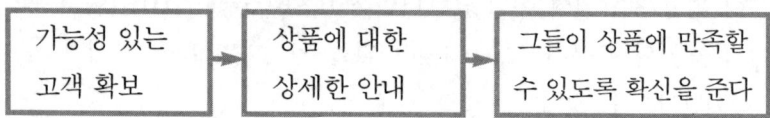

지식: 상품의 유형과 특징, 장점 접근방법, 고객들의 어떤 질문에라도 대답할 수 있을 만큼의 정보 수집

기술: 고객에게 설명하거나 질문에 답하는 데도 기술이 필요하다.

태도: 해야 될 일, 하지 말아야 할 일, 다음에 해야 할 일에 대해 준비하는 태도.

능력의 기준

당신의 능력은 당신이 끊임없이 보여주는 노력의 결과에 대해 평가된다. 당신의 팀도 기준을 가져야 한다. 예를 들면 다음과 같은 것들이다.

평균 3개월 동안 매달 8명의 고객을 꾸준히 확보했는가.

판매 수칙

당신 스스로도 판매에 대한 개인적인 수칙을 가지고 있어야 한다.

당신의 목표와 일을 한 후의 결과가 일치하라는 법은 없기 때문에 결과가 목표와 일치할 수 있도록 최대한의 노력을 기울여야 한다. 목표와 결과가 일치했을 경우 목표를 늘릴 필요가 있다. 목표는 한 명의 고객이라도 확보하겠다는 마음가짐으로 세워야 한다.

이번 달 내 판매 수칙은 ( ) 명의 고객을 확보하는 것이다.

과정의 어려움보다는 결과의 즐거움을 먼저 생각하라

상품에 대해 설명하는 일은 끝이 없는 일임을 명심하라. 고객을 만나고, 상품에 대해 설명하고, 정보를 주고, 그들이 결심할 때까지 기다리는 일은 쉽지 않은 일이다.

하지만 당신의 일이라는 게 그런 것이다. 가능한 한 많은 사람들을, 가능한 한 빠른 시간 안에 만나고 좋은 상품을 소개해 파는 일이다. 그 일이 힘들다고 생각하면 당신은 당신의 일에 대한 기본적인 업무에 조차 적응하지 못하는 것이 된다.

고객들은 수많은 이유를 대며 당신의 상품을 구입하지 않으려 할 것이다. 하지만 걱정하지 마라. 꾸준히 그들을 설득한다면 언젠가는 요령도 늘 것이며, 자연히 고객들을 많이 확보할 수도 있을 테니.

핵심 포인트
● 상품을 광고하는 방법을 개발하라.
● 당신이 판매하는 물건에 대해서는 무엇이든 프로가 되라.
● 자신만의 판매 수칙을 정하라.

원칙5
끊임없이 끌어들여라

'끌어들인다' 는 것은 개인적인 고객이나 팀을 위한 독립 사업자들을 직접 판매에 관여하도록 하는 것이다. 이것은 당신의 중요한 업무중의 하나이고, 또 이 부분에 대해 프로가 되어야만 살아남을 수 있다.

다음과 같은 이유로 당신은 사람들을 '끌어들여야' 하는 것이다.

● 더 탄탄한 조직체를 구성하기 위해

● 신임을 받는 가장 좋은 방법이기 때문에

● 이렇게 자격을 갖추게 되면 당신에게 지도 받는 사람들도 당신에 대해 신임하게 되므로

● 팀원을 새롭게 맞이하게 될 때는 다른 팀원들에게 상의하도록 한다.

사람을 끌어들이는 일은 말처럼 쉬운 일이 아니다. 우리는 우리와 알고 지내던 사람이든, 전혀 낯모르는 사람이든 간에 그에게 접근하는 것이 악몽 같다는 생각을 해 본적이 있을 것이다. 다음과 같은 방법이 사람을 끌어들일 수 있다.

1. 혼자 할 수 없으면 스폰서의 도움을 받아 빠른 시간 안에 대상을 확보한다.

2. 그 사람들이 10가지 원칙을 습득할 수 있도록 최선을 다해 도움을 준다.

자신의 경력을 말해 주라

만약 당신이 누군가를 끌어들이기를 원한다면 당신이 미리 알아두어야 할 것이 있다. 그들은 그들 자신의 필요에 인해 직접 판매를 시작한 것이라는 것이다. 절대로 그들에게 달콤한 말을 해서 부추기거나 하지 말라는 것이다. 그저 당신이 일 해온 대로 보여 주고 당신과 같이 일을 잘할 수 있게 도와주면 된다.

당신의 상품을 소개하면서 당신의 경력에 대해서도 얘기해 주도록 하라. 거기에 자신에 대해 설명해 줄 수 있는 정보나 개인적인 추천장 등을 첨가하면 더할 나위 없을 것이다.

단, 모든 것들에는 그들이 이 일을 하고 싶게 만드는 정보나 설명을 곁들여져야 한다는 것을 염두에 두어야 한다. 그래도 그들이 마음을 움직일 기미를 보이지 않는다면 대상을 다른 사람으로 옮기는 것이 좋다.

당신이 더 많은 정보를 줄수록 더 많은 사람들이 당신과 함께 일하게 될 것이다.

당신이 더 좋은 정보를 제공할 수록 더 많은 사람들이 당신과 함께 일하게 될 것이다. 그러기 위해선 우선 상품설명회 등을 통해 회사의 상품이나 회사에 대해 더 많은 것들을 배워 놓아야 한다. 거기에 당신의 이야기까지 첨가되면 더 효과적일 것이다. 이런 것들은 가능하면 짧을수록 좋다는 걸 명심하라.

내가 만났던 한 최고의 독립 사업자가 이런 질문들을 먼저 던졌다.

당신이 살면서 가장 바라는 것이 무엇인가?
어떻게 해야 당신이 행복해질 수 있는가?

그는 사람들의 이야기를 자신의 이야기처럼 생각하고 그들의 이야기에 진지하게 귀 기울일 줄 아는 프로였다. 사람들은 그를 신뢰하고 그에게 자신의 꿈이나 야망에 대해 스스럼없이 털어놓았다. 그리고 나서는 이렇게 말한다. '좋습니다. 이게 성공을 위해 내게 주워진 기회라면 기꺼이 받아들이지요.' 그렇게 그와 함께 일하게 된다. (당신은 어떤가? 당신도 직접 판매가 모든 사람들의 꿈을 실현시켜 줄 수 있을 거라는 것을 알고 있지 않은가? 그렇다면 그들을 도와주는 게 옳지 않겠나.)

판매원, 고객 소개 시스템
이 분야에 관한 책들은 참 많다. 그 책들에 적힌 전략들을 참고해도 좋다.

판매와 마찬가지로 사람들을 끌어들이는 데는 3가지 단계가 있다.

1. **가능성 있는 사람을 찾아라** - 당신이 가진 정보를 모두 알려 줄 수 있고, 또 그 정보에 관심을 가질 만한 사람을 찾아라.

2. **모두 보여 주어라** - 그들에게 당신이 얼마나 좋은 기회를 가지고 있고, 좋은 일을 하고 있는 지 모두 보여 주고 그들이 결정할 수 있도록 도와라.

3. **마음을 조급하게 먹지 마라** - 서류를 작성하게 하고 주문을 받고, 혹은 더 많은 정보를 주어야 한다고 판단했을 때 서두르지 말고 차분하게 일을 처리하라.

| 리스트 작성 | → | 사람 찾기 | → | 정보 주기 | → | 자신의 말을 따르게 하기 |

상위체계나 회사에서 제공하는 모집 수칙을 알아두면 더 유능한 독립 사업자가 될 수 있다. 기준은 다음과 같다.

지식: 상품의 유형과 특징, 장점 접근방법, 고객들의 어떤 질문에라도 대답할 수 있을 만큼의 정보 수집

기술: 고객에게 설명하거나 질문에 답하는 데도 기술이 필요하다. 전화를 적절히 이용하는 것도 효율적이다.

태도: 늘 열의를 가지고 이 일에 임하라.

능력의 기준

다음 '핵심 포인트'에서 말하는 세 가지 기술을 모두 갖출 수 있다면 당신은 이 분야에서 전문가가 될 수 있다. 당신의 능력은 당신이 끊임없이 보여주는 노력의 결과에 대해 평가된다. 당신의 팀도 기준을 가져야 한다. 예를 들면 다음과 같은 것들이다.

평균 3개월 동안 매달 2명의 판매원을 꾸준히 확보했는가.

판매원 소개 수칙

당신 스스로도 소개에 대한 개인적인 수칙을 가지고 있어야 한다. 당신의 목표와 일을 한 후의 결과가 일치하라는 법은 없기 때문에 결과가 목표와 일치할 수 있도록 최대한의 노력을 기울여야 한다. 목표와 결과가 일치했을 경우 목표를 늘릴 필요가 있다. 목표는 한 명의 고객이라도 확보하겠다는 마음가짐으로 세워야 한다.

이번 달 내 독립 사업자 소개 수칙은 매달 3명의 독립 사업자를 확보하는 것이다.

핵심 포인트
- 당신 개인의 실적 광고를 만들어라.
- 독립 사업자 소개 수칙에 대해 모든 것을 익혀 두라.
- 당신만의 소개 수칙을 만들어라.

원칙 6
독립 사업자가 스스로 일할 수 있을 때까지 지도하라

당신의 책임

당신이 한 번 독립 사업자를 소개했다면 당신은 그 독립 사업자가 자격을 갖추고 자신감을 갖고 혼자 일할 수 있을 때까지 교육해야 하는 책임을 가지고 있다. 결국 당신이 그들을 교육시킬 만한 자질을 갖추어야 한다는 말과도 같다.

직접 판매는 독립 사업자들을 소개하고 그들을 제대로 지도해 제대로 된 시스템을 확장시켜 나가는 것에 기본 바탕을 두고 있다. 이렇게 해서 몇 사람이 모여 시작한 조직이 수 천명으로 늘어가는 것이다. 이때 사람들이 실패하는 가장 주요한 이유는 적절한 교육을 제대로 받지 못하기 때문에 발생한다.

누구든 코치가 될 수 있다.

당신도 언제라도 누군가에게 도움이 될 만한 무엇을 지도해 줄 수 있다. 지도란 다른 사람들이 더 잘 배울 수 있도록 하고, 그들이 성공을 향해 한 발 더 다가갈 수 있게 도와주는 일이므로 즐겁고 보람있는 일이다.

코치하는 것은 누구든 배울 수 있는 간단한 기술이다.

능력 있는 코치가 되기 위해 직접 판매에 아주 능통할 필요는 없다. 스포츠에서도 초보자들, 프로 선수들 할 것 없이 모두 코치가 필요하다. 그렇다고 그 코치가 그 스포츠를 아주 잘 하는 경우만 있는 것은 아니니까. 직접 판매에서도 당신이 필요할 때 도움을 줄 수 있는 코치가 반드시 필요하다.

지도하는 것 vs 가르치는 것

누군가를 훈련시키거나 교육시킬 때는 지도하는 것이나 가르치는 것이 필요하다. 직접 판매에서는 '지도하는 것'이 쓰인다. '가르치는 것'이 전문적인 지식을 형식적인 과정을 거쳐 알려주는 것이라면 '지도하는 것'은 자유로운 형태로 정보를 배울 수 있다.

사람들과의 개인적인 만남에서 이루어 질 수도 있고,

자신의 개인적인 방식을 알려 줄 수도 있고,

배우는 사람이 멀리 있다면 전화를 통해서 알려 줄 수도 있고,

사람들을 모아 놓고 대중 연설하듯 할 필요도 없으니 얼마나 유용하고 효율적인가.

지도하는 과정

지도란 교육과 솔선 수범을 통해 다른 사람들이 일을 수행하고자 하는 마음을 가질 수 있도록 돕는 것이다.

누가 지도를 받을 것인가?

직접 판매를 하는 모든 사람들은 그들이 팀에 들어온 순간부터 능력이 있다고 판명이 될 때까지 지도를 받아야 한다. 또 팀원들, 특히 당신이 직접 이 일에 참가시킨 사람과 또 그가 소개한 팀원들이 경험이 없는 사람들이라면 더 관심을 가지고 지도해야 한다.

무엇을 지도하는가?

모든 독립 사업자들은 회사에서 제공하는 프로그램으로 지도를 받게 된다. 이 프로그램에는 지식, 기술, 태도 등 능력을 갖춘 독립 사업자들에게 필요한 모든 것들이 담겨져 있다.

지도는 언제 받는 것인가?

당신이 독립 사업자들을 만날 기회가 있을 때마다 그들과 이야기를 나누어야 한다. 그 과정에서 당신은 그들이 지도를 잘 받고 있는 것인지, 그들의 실력이 점점 향상되어지는 지 확인해야 한다.

어떻게 지도할 것인가?

지도를 하는 것에는 5가지 단계가 있다.

누구든 성공적으로 지도하는 5가지 단계

1. 그들과 일체감을 가지고 그들이 이 일을 배워야 하는 필요성을 강하게 느낄 수 있도록 도와라.

2. 그들이 알 필요가 있는 것에 대해 질문을 해 보고 그들 스스로 답을 찾을 수 있는 노력을 하도록 하라.

3. 지식과 기술, 태도가 제대로 갖춰지지 않을 경우 어떻게 되는지

자세히 설명하라.

  4. 평가를 통해 그들이 제대로 배우고 있는지 확인하라.

  5. 목표를 정하게 하고, 실천에 옮기도록 도우며, 그 결과에 대해
칭찬하라.

시간을 효율적으로 사용하라

  시간은 당신의 가장 중요한 재산이라는 것을 늘 기억하고 있어야
한다. 그러므로 잘못된 방법이나 다른 사람들이 이미 알고 있는 것
을 가르치느라 시간을 낭비하는 일이 없도록 유의하라.

  지도를 한다는 것은 댄스 가수들이나 하는 '에드 립'이 아니다. 늘
새로운 방식과 새로운 정보들을 연구하고 확실한 것들만 알려주어야
하는 것이다. 또 한 가지 명심해야 할 것은 당신이 그들에게 무언가

를 알려 주고 있을 뿐 아니라 지도를 하는 것에 대한 방법을 동시에 보여주고 있다는 것을 잊지 말아야 한다는 것이다.

당신이 좋은 코치라면 당신에게 배우는 사람들도 좋은 코치가 될 수 있다.

당신은 회사의 모든 것과 직접 판매의 모든 것에 대해 알려 주게 될 것이다. 그들이 이 일에 필요한 지식, 기술, 태도를 익히게 하는 것이 당신의 임무이다.

지도를 하는 데 있어서 장애가 되는 것들

지도를 하는 데 있어서 가장 큰 장애는 직접 판매와 관계없는 자신의 이야기를 쓸데 없이 많이 늘어놓거나, 그 사람에 대한 선입견, 게으름, 다른 일에 신경을 씀, 또는 그 사람들이 자신의 이야기를 잘 받아들이지 않을 때 느끼는 좌절감 등을 들 수 있다. 하지만 이런 것들을 극복하고 지도할 만한 가치가 있는 사람에게 도움을 주고 난 후의 보람을 생각해 보라. 좋은 지도가 없다면 독립 사업자들은 시간이 지나면서 더 어려움을 겪게 될 것이다. 당신이 그들의 좋은 동료가 되어 주길 바란다.

지도는 당신의 성공에 있어 아주 중요한 요소이다. 그러므로 능숙해야 할 필요가 있다. 당신은 여러 종류의 사람들을 대하게 될 것이다. 어떤 사람은 당신과 편한 관계를 유지할 것이고, 또 어떤 사람은 그렇지 못할 것이다. 사람들이 다음과 같이 대답하기 곤란한 질문들을 해왔을 때 어떻게 대답할 것인지도 미리 생각해 두자.

내가 해야 하는 일이 뭐죠?

어디에 기준을 두고 일해야 하나요?

내가 잘하고 있나요?

앞으로 나는 어떻게 되는 건가요?

어떻게 해야 할 지 도무지 모르겠어요.

핵심 포인트

● 코치하는 것의 기본에 대해 숙지하기. 성공할 수 있다는 생각을 심어 주기

● 대답하기 어려운 질문, 여러 장애 등을 잘 극복하기

개인적인 성공을 인정하라

사람들이 당신으로 하여금 인정받고 있다고 느끼도록 해 주어라.

인정이라는 것은 자신이 한 일에 대해 많은 사람들이 잘했다고 칭찬해 주는 것이다. 이것은 개인의 발전을 위해 아주 필수적인 요소이다.

직접 판매에 있어서는 이것이 하나의 실적으로 간주된다. 이것은 조직을 발전시키는 효과적인 도구가 될 수도 있지만 너무 일정한 수준에 미치지 않은 사람까지 자주 해 주게 되면 그 효력이 감소할 수도 있으니 주의하라. 또 이것이 실적으로 작용할 수 있기 때문에 사람들은 자신이 필요할 때 요구하기도 한다.

서로 인정해 주는 모습은, 칭찬은 점점 줄어들고 비난만 많아지는 척박한 사회에 활력을 준다. 누군가를 인정해 줌으로 해서 그들은 자신이 가치 있는 사람이라 확신하며, 자존심과 자신감에 넘치게 될 것이다. 그것들이 모여 그 사람이 오랫동안 일할 수 있는 원동력이 될 것이다.

인정의 유형
회사
회사에서는 많은 프로그램을 통해 판매원들의 사기를 북돋우고 있다. 승진이 될 수도 있고, 보너스를 받을 수도 있고, 각종 회사에서 제공하는 포상을 받게 될 수도 있다.

당신의 팀원이 인정받을 만한 일을 했을 경우에는 그에 대한 대가를 받을 수 있도록 당신이 힘써야 한다. 그리고 모두 격려를 아끼지 말아야 한다. 팀원 중 누군가가 한 단계 올라갈 수록 당신의 팀원들이 모두 한 단계 상승하는 것이라는 것을 모두에게 일러두라. 다른 사람들이 상대적으로 기가 죽는 것을 막기 위해서.

당신의 프로그램

당신은 당신의 팀원들이 늘 자부심을 가질 수 있도록 사기를 북돋아 줄 필요가 있다. 그것이 꼭 상장이나 상금이 아니어도 좋다. 그저 그들이 자신도 성공할 수 있다는 확신을 가지게 될 수 있으면 충분하다. 그렇게 하는 데 있어서 당신만의 독특한 프로그램을 가지고 있으면 좋다.

일을 성공적으로 해낸 사람에게 편지나 카드를 보내 준다든가, 증서 같은 것을 만들어 준다든가, 가슴에 리본 같은 것을 달아주는 것도 좋다.

인정의 필수조건

특별 하라 – 뭔가 독특한 것을 해 주라. 평범한 것은 덜 믿음이 간다.

즉시 해주라 – 성과가 있은 직후에 해 주어라.

공정 하라 – 인정해 줄 만한 일에 인정을 해 주라.

공개적으로 하라 – 이벤트가 클수록 좋다.

자주 하라 – 가능하면 자주 해 주는 것이 좋다.

다양 하라 – 다양한 방법을 이용하라.

　판매원이 무언가를 이루어내자마자 그에 상응하는 대가를 주는 것이 좋다. 특히 그 일이 새로운 일이라면 더욱 그들을 축하해 주는 카드라도 우선 보내주어야 한다.

　산에 오를 때 정상에 다다르면 어느새 그 어려움이 보람으로 변하듯 그 성취감에 흡족해 있는 동안 축하해 주는 것이 효과적이다.

예의 갖추기

　그 사람이 얼마나 예의를 갖추느냐에 따라 그 사람의 됨됨이를 알 수 있다. 누구와 이야기하더라도, 특히 그게 당신을 지도해 주는 사람이라든가, 당신의 상위체계일 경우에는 더더욱.

예의가 바르다는 것은 그 사람을 존중한다는 것을 의미한다. 당신이 다른 사람을 존중해 주어야만 당신도 존중받을 수 있다.

누군가를 인정해 줄 때 유의할 점

당신이 누군가를 인정해 줄 때 자신도 누군가에게 인정받고 싶다는 생각이 드는 것은 당연한 일이다. '왜 당신 자신은 누군가에게 인정받을 일이 없는데 자신만 누군가를 인정해 주어야 하는가' 하는 생각 때문에 여러 가지 이유를 들어 그 사람을 인정해 주지 않으려 하기도 한다.

인정이란 일종의 자기 테스트이기도 하다. 그런 상황에서도 얼마나 자신이 대범할 수 있는가에 대해 스스로 평가해 볼 수도 있는 일이다. 남에게 인정받기 전에 남을 먼저 인정해 주도록 하라. 당신의 그런 행동에 대해 눈에 보이지 않는 평가가 어딘가에서 이루어지고 있을 것이다.

핵심 포인트
● 이 일에 종사하고 있는 사람이라면 누구든지 인정받을 수 있다는 인식을 심어주어야 한다.
● 자기 자신만의 독특한 인정 방식을 마련하라.
● 인간 관계에 있어서 예의를 지킬 수 있도록 지도하라.
● 당신이 먼저 인정받고 싶다는 생각을 버려라.

원칙8
당신의 ‘스타’와 의사 소통하라

의사 소통은 조직 활동에 있어서 필수적인 요소이다.

당신의 임무

많은 사람들이 이런저런 이유들로 인해 서로 의사 소통하지 않아 실패를 겪는 경험을 한다. 스스로 일을 꾸려나가야 하는 등의 많은 일을 하는 사람들은 그 일과 관련된 사람들과 끊임없이 의사를 교환하고 정보를 주고받지 않으면 도태돼 버리기 십상이다.

당신이 필요한 정보를 얻을 수 있는 사람들과 의무적으로 연락하라.

나는 여기서 그런 사람들을 ‘스타’라고 칭할 것이다. 왜냐하면 그 스타들은 당신의 수입과 직접적으로 관련이 있을 테니까.

불행히도 많은 사람들이 이 ‘스타’들을 버섯처럼 취급하는 경우가 종종 있다. 어두운 데 처박아 두고 필요할 때만 비료를 주는.

효과적인 의사소통 시스템

효과적인 의사소통 시스템은 다음과 같다.

1. 스타들이 7일 이내에 모든 정보를 주고 받을 수 있도록 조치를 취해 둔다. 정보는 과일과 같아서 며칠이 지나면 시들어 버린다.

2. 최소 1주일에 3번은 스타들과 연락하라.

3. 상위체계와 하위체계 모두 효율적으로 의사소통 할 수 있도록 애써라.

4. 별로 좋지 않은 소식이나 정보는 상위체계에만 하라. 그들은 이 문제에 대해 해결책을 찾을 수 있을 것이다.

'스타'

당신은 다음의 사람들과 의사 소통을 해야하는 책임을 가지고 있다.

1. 당신의 활동: 당신이 개인적인 친분으로 끌어들인 사람.

2. 당신의 팀: 팀의 발전을 위해 팀의 가장 아래 사람으로부터 가장 윗사람에게까지 연락을 취해야 한다. 독립적인 사업자들은 당신이 전해준 정보를 수렴해서 그 다음의 계획을 세울 수도 있고, 그렇지 못한 독립 사업자들은 자신들도 팀의 중요 임무를 맡고 있다는 생각을 하게 되어 더 자부심을 가지게 될 것이다.

3. 당신의 팀 이외에 다른 판매원들: 바람직한 정보를 그들의 팀들과

공유하게 될 것이다.

4. **팀 내에 당신이 영향을 받고 있다고 생각하는 사람들:** 상위체계나 다른 팀의 리더 등

당신이 여러 사람들로부터 연락을 받게 된다면?
정보는 많을수록 이롭다.

정보와 아이디어
직접 판매에 있어서 의사 소통은 새로운 정보와 아이디어를 주고 받으며, 그러는 사이에 더 발전적인 방향으로 일을 끌어갈 수 있다는 점에서도 긍정적이다.
정보 : 행사, 보너스, 인정, 관련 기사 등
아이디어: 판매원 모집, 고객 확보, 지도, 팀 개발, 등에 대한 새로운 아이디어.
이런 것들을 통해 여러 영감을 얻어 실제로 활용할 수 있다.

이야기하기
이야기하는 것은 고객 소개, 독립 사업자 소개, 팀의 지도와 개발 등에 자신의 경험 중 긍정적인 것들을 해주는 것이다. 다른 사람들과 의사 소통 하는 것도 이야기를 통하면 훨씬 효과적일 수 있다. 당신의 팀을 지도할 때 자신의 이야기를 해 보자. 단 당신의 실제 이야기면 더욱 좋다는 것을 명심하라.

의사 소통 방법

당신의 '스타' 와 의사 소통 하는 방법에는 다음과 같은 것들이 있다 .

1 : 1 대면 - 가장 좋은 방법이지만 그들이 가까이 살지 않는다면 시간이 많이 소모됨으로 바람직하지 않다. 팀이 모일 때 함께 만나는 것이 차선책이다.

전화통화 - 한 사람에게만 통화를 할 경우는 좋지만, 많은 사람에게 같은 이야기를 계속해야 하는 경우에는 시간이 많이 소모된다. 3자 통화 방식을 이용하는 것도 효과적이다.

보이스 메일 - 많은 사람에게 동시에 메시지를 보내야 하는 경우에 효과적이다. 의사 소통을 할 수 있는 방법을 가지고 있는 것도 성공적인 업무처리의 방식 중 하나라 할 수 있다.

회의 전화 - 모든 사람이 전화로 동시에 통화하는 방식을 말한다. 가장 좋은 방식이긴 하지만 비용이 많이 든다는 것이 흠이다.

E - mail (이 메일) - 우편물로 정보를 발송하는 것은 비용도 많이 들고 시간이 많이 걸린다. 아주 민감한 정보라든가, 사진, 서류를 첨가해야 하는 경우가 아니라면 세련된 E - mail로 주고받는 건 어떨지.

우편 이용하기 - 이 방법은 시간과 비용이 많이 들기 때문에 가급적 피하는 것이 좋다. 세부적인 정보나 사진이 들어 있는 내용은 부득이 하게 이 방법을 취해야 하겠지만 가능하다면 신속하고 세련된 E-mail을 이용하는 것이 바람직하다.

확인하기

의사 소통이 효과적으로 이루어졌는지 확인하는 것도 중요한 일이다. 당신이 보낸 정보가 잘 도착했는지, 잘 전달받았는지 꼭 확인해 보도록 하라.

일주일 이내에 연락을 받지 못했다면 어디서 잘못 됐는지 알아보고 다시 그런 일이 없도록 문제를 해결하라. 이런 일이 발생하는 것은 당신의 수입과도 관련이 있는 일이며, 프로답지 않은 일이다.

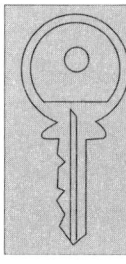

핵심 포인트
● '스타' 를 찾아라.
●조직과 의사 소통하는 방법을 찾아라.
●효과적으로 의사 소통하는 수단을 가입하거나 배우라.

이벤트를 만드는 데 소홀하지 마라

당신이 해야 할 일

이벤트도 직접 판매의 기능 중 하나이다. 당신이 할 일은 사람들이 모든 행사에 열의를 가지고 참여하도록 하는 것이다. 이것은 당신 자신뿐만 아니라 당신의 팀을 위해서도 아주 중요한 일이다.

당신은 직접 판매의 이벤트를 즐거운 마음으로 기다려야 한다. 왜냐하면 그것들은 유익하고 재미있기 때문이다. 모든 이벤트는 당신에게 도움을 주기 위해 만들어진 것임을 잊지 말아야 한다.

- ●재미있다.
- ●의욕을 높일 수 있다.

- 인정을 받을 수 있다.
- 새로운 사람들을 만날 수 있다.
- 새로운 아이디어를 얻을 수 있다.
- 훌륭한 조직의 일원이라는 것을 한 번 더 깨달을 수 있다.
- 협동정신을 기를 수 있다.
- 자신감을 가지고, 자신만의 이미지를 만들어 갈 수 있다.

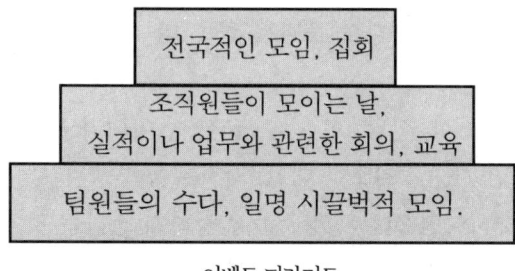

이벤트 피라미드

이벤트의 유형

이벤트의 유형에는 3가지가 있다. 각각의 유형이 서로 다른 목적과 형태를 지니고 있지만 조직원들이 모이는 날, 실적이나 업무와 관련한 회의, 교육, 모두 당신의 팀의 발전을 위한 것들이다.

유형을 표로 나타내자면 피라미드의 형태가 된다.

1. 팀원들의 수다, 일명 시끌벅적 모임.
2. 조직원들이 모이는 날, 실적이나 업무와 관련한 회의, 교육
3. 전국적인 모임, 집회

1. 팀원들의 수다, 일명 시끌벅적 모임.

목적: 비공식적인 만남으로 편하게 정보를 나눔.

이것은 아주 편안한 모임으로 팀원들 몇 명, 혹은 모두가 모여 담소를 나누며 공유할 수 있는 정보를 나누는 친목 모임이다. 팀의 단합을 강화시키는 데 아주 좋은 역할을 한다. 더 많은 사람들이 모일수록 팀원들 간의 유대 관계가 돈독해진다.

'시끌벅적 모임' 이라는 말은 세계적으로 유명한 작가 '돈 앤 낸시 파일라' 가 만들어낸 말이다. 그들은 이렇게 모여 자신들의 경험이나 꿈, 바라는 것들을 수다로 풀면서 한층 더 나은 조직 생활을 할 수 있을 것이라고 했다.

- 장소불문 - 집, 식당, 커피 숍, 술집 등 어디라도 괜찮다.
- 가능하면 자주 - 최소한 매달, 최적은 매주
- 단, 가능하다면 시간과 장소를 일정하게 정하는 것이 좋다.
- 너무 길게 끌지 말 것 - 30분에서 2시간

2. 조직원들이 모이는 날, 실적이나 업무와 관련한 회의, 교육

목적: 일에 관한 전망과 필요한 여러 가지 사항들을 보여줄 기회를 갖는다.

회사나 팀의 리더는 조직원들이 모이는 날, 실적이나 업무와 관련한 회의, 교육을 하는 날을 정해 운영하는 것이 좋다. 모든 독립 사업자들은 이 이벤트에 참여해야 하며, 당신도 그들이 꼭 참여할 수 있도록 협조를 아끼지 않아야 한다.

3. 전국적인 모임, 집회

목적: 일에 관한 전망과 필요한 여러 가지 사항들을 보여줄 기회

를 갖을뿐더러 새로운 상품에 대한 홍보, 안내해야 하는 사항, 성공적으로 업무를 수행한 사람에 대한 포상 등을 할 수 있다.

　전국적인 모임, 집회는 대체로 1일에서 3일 정도 진행이 된다. 이것은 전국적 혹은 세계적인 모임이 될 수도 있다. 이 이벤트는 매우 고무적이며 많은 정보를 얻을 수 있고, 게다가 재미도 있다.

이벤트가 지녀야 할 10가지 유의 사항

1. 즐겁고, 즐거운 데다 또 즐거워야 한다. (가장 중요한 사항)
2. 모든 이벤트에 전원이 참석할 수 있어야 한다.
3. 매번 더 나은 방향으로 발전해야 한다.
4. 예약은 필수
5. 일찍 도착하기.
6. 새로운 사람들이 거부감을 갖지 않도록 주의
7. 당신의 팀원 모두, 당신의 상위체계 모두와 이야기를 나누기.
8. 당신의 팀을 모든 사람들에게 소개시키기.
9. 어떤 누구와도 최대한 함께 시간을 보내라.
10. 당신의 참모습을 보여 주어라.

이벤트 활성화시키기

　이벤트를 활성화시키는 것도 당신의 중요한 임무이다. 당신의 팀원 중 몇 명이 이벤트에 모습을 드러냈느냐 하는 것이 당신을 평가하는 기준이 된다.

　팀원들에게 왜 그들이 이 이벤트에 참여해야만 하는지 그들이 가장 솔깃해 할 수 있는 이야기들로 설명하라. 예를 들면,

「이번 이벤트에 꼭 참가하세요. 보너스를 받을 수 있는 기회가 될 수도 있어요. 많은 사람들을 만나고 새로운 사람들을 알게 되는 게 얼마나 즐거운 일인지도 느끼게 될 거예요.」

중요!!!

1. 이벤트가 있다는 사실을 최대한 빨리 알려라.
2. 잊지 않도록 눈에 띄는 곳에 적어두도록 충고하라.
3. 예약을 미리 확인하라.
4. 독립 사업자들에게 반드시 참석할 것을 여러 번 강조하라.
5. 가능하다면 함께 올 수 있는 사람들끼리 연락해서 올 수 있도록 도와라.
6. 그들이 올 수밖에 없는 이유들을 찾아 설득하라.
7. '오지 않으면 당신만 손해다' 라고 말해라. 사람들은 때로 자신이 가지 않은 곳에서 무슨 좋은 일이 벌어지면 억울할 거라고 생각하는 경향이 있다.

> 훌륭한 독립 사업자들은 이벤트에 열성적이다. 그들은 그 모임에서 자신에게 필요한 것들을 찾아내는 동시에 적극적으로 참여해 즐거움을 느낄 줄도 안다.

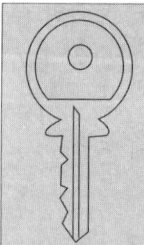

핵심 포인트
- 다이어리에 빠짐없이 이벤트를 적어 놓는다.
- 이벤트의 10가지 유의 사항에 대해 숙지하라.
- 사람들이 솔깃할만한 이유로 그들을 참여할 수 있게 돕는다.

원칙10
팀 정신을 개발하라

팀을 이루어 일을 하면 당신의 조직은 훨씬 더 효율적으로, 성공적으로 일을 해나갈 수가 있을 것이다. 팀은 자부심을 강하게 하고, 소속감을 갖게 하며 시너지 효과 (상승작용)를 유발한다.

누구든 훌륭한 팀의 리더가 될 수 있다. 우선 팀원들로 하여금 제대로 운영되는 팀의 일원이라는 느낌을 갖게 해야한다.

팀 정신은 당신의 팀원들이 회사의 발전을 위해 운영이 되고, 따라서 그 이익이 자신의 팀에게도 이롭게 작용한다고 믿을 때 생길 수 있다.

팀 정신 유발하는 법

1. 회사의 발전을 먼저 생각하라.
2. 그들에게 좋은 본보기가 돼라.
3. 팀원이 모이는 기회를 자주 만들어라 – 이벤트, 보이스 메일 등을 통해
4. 협동의 필요성을 느끼게 해 주어라.
5. 끊임없이 지도하라.
6. 그들이 훌륭한 팀의 일원임을 늘 상기시켜라.
7. 수준 높은 기준을 제시하라.
8. 개방적이고 솔직한 의사소통을 장려하라.
9. 개인적인 성공을 인정하라.
10. 팀은 한 배를 탄 운명이라는 것을 상기 시켜라.

자문해야 할 것들

1. 내가 좋은 본보기가 될 수 있을까?
2. 그들이 함께 일하는 것에 대한 가치를 느낄 수 있을까?
3. 내가 신임을 받을 만한 사람인가?
4. 그들이 충분히 능력을 인정받고 있을까?
5. 우리가 충분한 의사 소통을 하고 있을까?

팀 개발 사이클

팀을 개발하는 데는 다음과 같은 기 본적인 사이클을 가지고 있다. 실행 에 옮기기에 다소 힘든 면이 없지 않 지만 그것에 대한 결과는 만족할 만 한 것이므로 당신이 노력을 아끼지 않을 만한 가치가 있을 것이다. 직접 판매에 있어 팀을 이루기 힘든 점 중 에 하나가 팀의 구성원들이 자주 변한다는 것 이다.

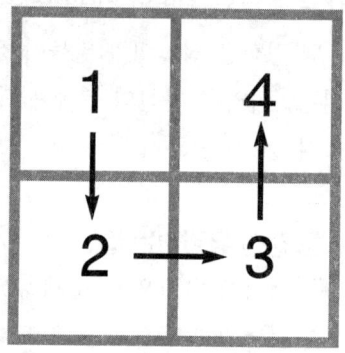

팀 개발 사이클

(그림에 있는 번호와 설명에 있는 번호가 일치함)

1. 설명, 이해, 조직화하기

처음 팀의 일원이 되어 모임에 참석하면 대단한 관심을 보인다. 그 들에게 사업에 관해 이야기하고, 그들이 얼마나 탁월한 선택을 했는 지 말해 주도록 하라.

2. 이야기 들어주기, 상기시키기.

관심이 서서히 줄어들어 가면서 팀원들 사이에 약간의 충돌이 생긴다. 참석률도 저조해지기 시작한다. 당신은 참석한 사람들이 의기소침해 하지 않도록 이 자리에 있는 목적을 다시 한 번 상기시켜 주어야 한다.

3. 그룹 만들기

남은 인원들을 2인 1조, 혹은 소규모의 그룹으로 나눈다.

4. 시너지 효과 (상승 작용)

함께 일하면서 다른 사람들의 열심인 모습을 보고 마음가짐을 새롭게 할 수 있으며, 자신이 왜 이 일을 하는지, 진정 자신이 원하는 것은 무엇인지 생각하며 일의 능률을 높여나간다.

핵심 포인트
● 팀의 일원으로서 팀 정신을 개발하는데 주력하라.

제3부

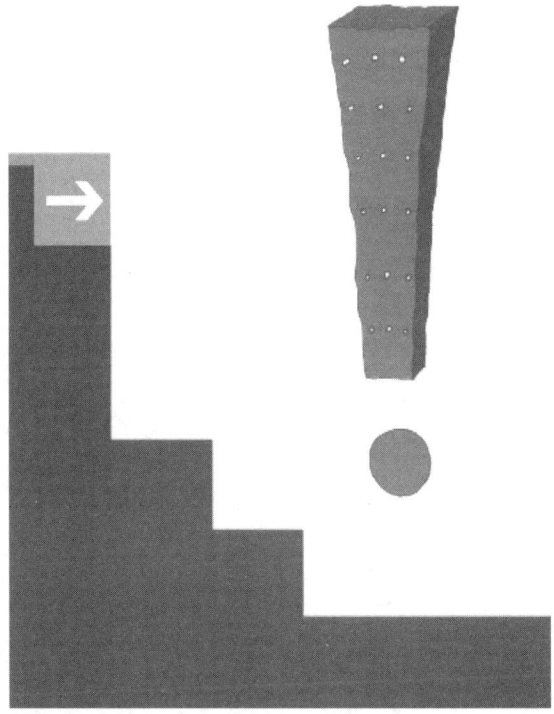

원칙 익히기

하나씩 배워나갈수록 당신의 능력도 향상할 것이다. 새로운 것들에 대해 두려움을 갖지 않고 배워나간다면 당신의 인생에 많은 부분이 도움이 될 것이다. 다음의 사항들을 마음에 새겨두도록 하라.

●**그 누구도 아닌 당신 자신의 일이다:** 당신에게 일을 하라고 강요하는 사람은 없다. 당신 자신을 위한 일이므로 당신이 원해야 한다.

●**경주가 아니다:** 모든 사람들은 자기에게 맞는 속도로 일한다. 일의 결과에 대해 다른 사람들과 자신을 비교하지 마라.

●**능력을 테스트해 보라:** 당신의 능력이 얼마 만큼인지 당신이 알고 있어야 한다.

●**당신이 완벽하게 능력을 갖출 때까지 좋은 일도 있고 나쁜 일도 생긴다:** 그러므로 너무 절망하지 마라. 실수도 배워나가는 과정의 일부이므로.

능력 갖추기

모든 시스템들은 당신이 능력 있는 독립 사업자가 되도록 돕기 위해 만들어진 것들이다. 능력이란 '무언가를 해낼 수 있는 힘'을 의미한다. 당신이 능력 있는 독립 사업자가 된다면 당신은 조직 내에서 요구되는 어떤 일이라도 해낼 수 있으며 그것들을 성공으로 이끌 수도 있다. 당신은 남들의 도움에만 의지 하지 않아도 되는 독립적인 사업자가 되는 것이다.

능력 = 독립

능력의 기본 시스템

직접 판매에 대한 원칙은 그 밑바탕에 '능력'을 기본으로 두고 있다. 각각의 원칙들은 이 기본적인 것들을 갖추어야 실행에 옮길 수 있는 것들이다. 이것이 흔히 말하는 '기술'이다. 이 모든 것들은 직접 판매에 대한 훈련, 개발 시스템을 통해 배울 수 있고, 그렇게 되면 기본적인 지식, 기술, 태도에 대해 모두 익힐 수 있다.

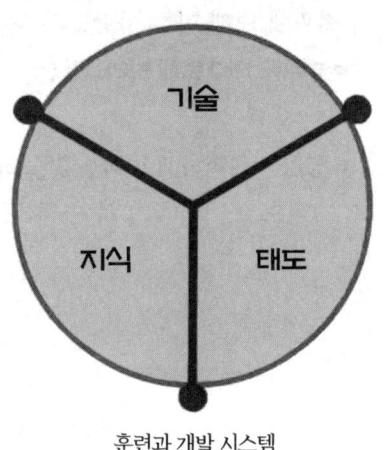

훈련과 개발 시스템

지식 = 알아야 할 필요가 있는 것
기술 = 해야할 필요가 있는 것
태도 = 생각할 필요가 있는 것

그리고 마지막으로

자신감= 느낄 필요가 있는 것

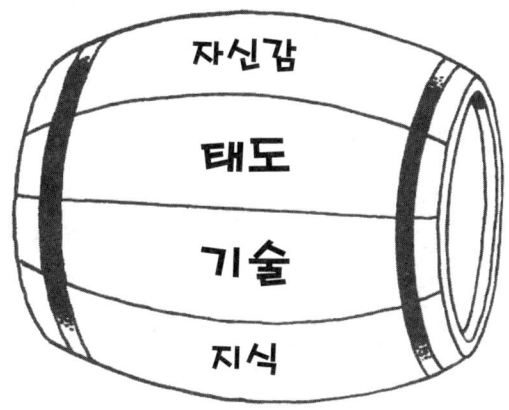

능력이란 당신이 알고 있는 것, 행하는 것, 생각하는 것, 느끼는 것들이 모여 이루어지는 것이다. 기억하기 쉽게 물통 그림으로 표현해 보자.

왜 훈련과 개발이 중요한가?

모든 일에는 직원을 훈련, 개발시키는 프로그램을 가지고 있다. (일명 T&D) 이것은 사람들의 능력을 향상시키기 위해 교육을 시키는 것으로 직접 판매에서는 두 가지의 훈련을 한다.

1. 마케팅 (물건을 유통시키고, 독립 사업자들을 모집하는 훈련)
2. 훈련과 개발 (독립 사업자들이 효과적으로 마케팅 할 수 있도록 돕는 훈련)

기본 갖추기

모든 훈련, 개발 프로그램에는 기본 구성 요소들이 있다. 당신은 이 구성 요소들을 통해 배우고, 실행하고, 또 테스트 받게 된다.

이 기본 구성 요소들은 당신이 배워야 할 것들을 분야별로 구분해 주기 때문에 상위체계에서는 당신에게 도움을 주기가 쉽고, 당신은 그것들을 배우기가 수월할 것이다. 그러므로 익히는 속도가 빨라지는 것은 당연하다.

예를 들면 이미 지금 당신은 판매와 커뮤니케이션에 관한 상당한 기술을 가지고 있는 상태일 것이므로 유통에 관한 부분은 빨리 익힐 수 있을 것이다. 또 당신 자신이 선생님에게, 혹은 스포츠 코치에게 훈련을 받은 경험이 있고, 당신이 남자라면 군대에서도 많은 것들을 보고 느낀 것들이 있을 테니까 그것들의 좋은 점은 따라하고, 좋지 않은 점은 배제하면서 독립 사업자들을 코치한다면 지도에 관한 부분도 쉽게 받아들여 질 것이다.

이 다음부터는 당신에게 새로운 것들을 중점적으로 익혀나간다면 그리 어려운 것도 아니지 않겠는가?

능력의 기준

당신이 무언가를 이루어냈다는 인정을 받기 위해서는 어떤 기준이 필요하다. 이를테면,

"나는 5분 안에 1킬로미터를 달릴 수 있어."

등과 같은 것이 필요하다. 목표와는 달리 능력의 기준은 어떤 일을 한 번 이뤄 내고 끝내는 것이 아니다. 이 능력을 오래 지니고 있을 수 있어야 참된 능력이라 할 수 있는 것이다. 그러므로 요행으로 얻

을 수 없는 것이고, 운이 좋다고 가질 수 있는 것도 아니다. 일정한 기준이 없다면 당신이 능력을 지니고 있다는 것을 어떻게 증명하겠는가?

직접 판매를 예로 든다면 '3개월 간 매달 일정 명의 독립 사업자를 소개할 수 있는가?' 정도가 될 것이다. 일시적인 기간 동안 일정 명을 소개하는 것이 '목표'라면 그 목표를 장기간 끌고 갈 수 있는 것이 '능력'이라 하겠다.

테스트와 감독

'당신이 무엇을 알 필요가 있는가, 하는 것을 알 필요가 있다.'

좀 복잡한 말이지만 이게 무슨 말인지 감을 잡았을 거라 믿는다. 이것이 바로 당신의 코치가 당신을 테스트하고, 감독하는 이유이다.

학창 시절의 시험처럼 부담스럽고 힘들게만 생각하지 말고 테스트 자체를 즐겨라. 자신에게 아주 유용한 것이라고 생각하라.

테스트는 자신이 이루어 낸 결과를 고스란히 보여주므로 당신의 어떤 부분이 부족한지, 어떤 부분이 능숙한지 알 수 있도록 해 준다. 당신이 원하는 만큼의 결과가 나오지 않았다면 당신은 더 많은 노력을 기울여야 할 것이다. '컨닝'이나 '눈속임' 같은 것도 있을 수 없다. 당신 자신을 위한 일이니 '눈속임'이란 결국 남이 아닌 자기 자신의 눈을 속이는 셈이다.

실수도 많고, 그것들로 인해 절망하는 일도 많을 것이다. 하지만 뭔가 가치가 있는 일들은 이렇게 헌신과 노력의 대가를 치러야만 얻을 수 있는 것 아니겠는가.

책임

시스템에 대해 바르게 익히고 실행에 옮기는 것은 당신의 책임이다. 당신 자신이 당신의 상사이니 스스로 게을러지지 않도록 감독을 늦추지 마라.

실행이 없으면 조직도 없고, 적게 실행하면 조직도 적어지며 많이 실행에 옮길수록 조직도 발전해 나간다.

당신이 해야 할 일들

●당신이 이 일을 왜 해야 하는지 알아둘 것
●모든 분야의 시스템을 가능한 한 빨리 익혀 당신의 것으로 만들 것
●자신감과 강한 성격으로 단단한 자신으로 만들 것
●회사를 탄탄하게 만들기 위해 모든 조직원과 함께 힘쓸 것
●즐기며 일할 것

당신의 스폰서와 상위체계가 해야 할 일들

●당신이 능력을 갖추고 자신감을 가질 수 있을 때까지 도울 것
●당신이 팀의 일원으로 어려움을 느끼지 않도록 도울 것
●당신이 즐기며 일할 수 있도록 도울 것

성공의 3P 원칙

1. **실행** (Practice) - 모든 결실은 어떤 일을 끊임없이 실행하고 거기서 오는 시행착오를 거치며 얻을 수 있다.
2. **인내**(Patience) - 어떤 일을 배우는 데는 시간이 걸린다.

3. 불굴의 의지 (Perseverance) - 성공을 위한 7전 8기

평생 공부하라

1970년대 알리스 쿠퍼의 노래를 기억할 것이다.

학교가 휴가 갔으면 좋겠네, 영원히 떠나 버렸으면 좋겠네.

우리는 학교에 다니면서 끈질기게 이 노래를 불러댔다. 심지어 학창 시절이 끝나는 대학 졸업식 장에서까지 말이다.

나는 그 당시에 학교에 가지 않으면 배움도 끝이 나는 거라고 생각했었다. 하지만 오늘 날 끊임없이 변화하는 시대에 사는 우리는 끊임없이 배우면 안 된다는 것을 알게 되었다.

이제 모든 사람들이 '평생 학습'이라는 개념에 대해 받아들여야 할 때가 온 것이다. 당신이 무언가를 배우려 한다면 다음과 같은 자세가 필요하다.

●**배우겠다는 겸허한 자세로 임하라** - 당신도 모르는 것이 있고, 배워야 할 것이 있다는 것을 인정해야 한다.

●**코치를 인정하라** - 당신의 스폰서가 대체로 당신의 코치 역할을 하게 될 것이다. 당신이 그를 마음에 들어 하지 않고, 인정하지 않는다면 감정적으로 당신은 그의 지도나 충고를 제대로 받아들일 수 없을 것이다. 늘 잠재의식 속에는 그와 부딪치고 있다는 느낌을 갖게 될 것이다.

배움의 가속 = 수입의 가속

얼마나 빨리 성공하느냐 하는 것은 당신에게 필요한 지식, 기술, 태도를 얼마나 빨리 익히느냐에 달려 있다.

배움에 가속도를 붙이기 위해서는 가속을 붙일 수 있을 만한 테크닉을 익혀야 한다.

배움의 가속

대부분의 사람들이 '배움' 이라는 말을 들으면 학교를 연상하게 된다. 지겹기만 했던 학창시절, 그것을 떠올리며 배우는 것에 대해 두려움을 느끼는 것이다.

다행히 전문가들이 인간은 무엇이든 배울 수 있는 능력을 지니고 있다는 희소식을 발표한 바가 있다. 인간은 누구든 천재가 될 수 있다. 자신이 원하기만 한다면.

가장 중요한 기술은 '좌뇌, 우뇌를 모두 사용하는 학습'이다. 논리적인 우뇌와 예술적 감각을 지닌 좌뇌의 적절한 활용이 큰 도움을 준다는 것이다.

이미 많은 사람들이나 큰 회사들이 이 방법을 사용하고 있고, 또 큰 성과를 얻고 있다. 당신도 이 방법을 직접 판매나 혹은 다른 것들에 적용시켜 볼 수 있을 것이다.

배우는 자세
- 자신의 성공 열쇠가 바로 배움에 있다는 것을 잊지 마라.
- 새로운 것들을 배우는 데 마음을 열어 두라.

●자신은 뭐든지 빨리 배운다는 마음가짐으로 자신감을 잃지 마라.

배우는 방법

정식으로 배우는 방법과 편하게 배우는 방법 두 가지가 있다.

●**정식으로 배우는 방법** – 강연, 교재, 훈련원, 혹은 스스로 익히며 실패하며 배우는 것도 한 방법이다.

●**편하게 배우는 방법** – 다른 사람들과의 대화나 놀이 등을 통해 배울 수 있다.

직접 판매에 관한 것은 책이나, 오디오, 비디오 테이프로 시중에 나와 있는 것들이 있으니 그것들을 이용하는 것도 좋다. 즐기며 배우고 자신만의 스타일을 연구하라.

다감각 학습법

당신의 뇌는 놀라울 정도로 훌륭하다. 우리는 태어나면서 굉장한 컴퓨터를 가지고 태어난 셈이다. 하지만 불행히도 우리는 사용설명서는 갖지 못했다.

스탠포드 연구소의 한 연구 결과에 따르면 우리는 우리 뇌의 2% 밖에 사용하지 못하고 있다고 한다. 우리는 우리의 지능을 늘려갈 필요가 있다. 지능은 근육과 같다. 많이 사용할수록 많이 발달한다.

감정을 실어라

어떤 일을 배울 때 강한 감정과 연관 지어 배운다면 더 오래 기억할 수 있다. 아마도 당신은 첫 키스의 기억이라든가, 힘겹게 이뤄낸 성공, 의미 있는 생일, 결혼식 날, 의미가 담긴 노래 등을 기억하고 있을 것이다.

그것들은 모두 당신의 감정이 실려 있기 때문에 기억나는 것이다. 하지만 어떤 노래는 가사가 까마득히 생각이 나지 않고 학교 생활 중 기억나지 않는 부분도 있을 것이다. 이것들은 모두 당신이 그것들에 대해 어떤 감정도 갖지 않았기 때문에 생긴 현상이다.

일반적으로 우리가 기억하는 것들은,

20%는 읽는 것을

30%는 듣는 것을

40%는 보는 것을

50%는 말하는 것을

60%는 행하는 것을

90%는 이 모든 것을 합한 것을 통해 이루어진다.

지금까지 당신이 배운 것들은 이 모든 감각들이 복합적으로 작용하여 얻은 것들이다.

이것이 바로 '다 감각 학습' 이다.

간단히 요약하자면

- 책을 통해 읽고, 눈에 보이는 자료를 만들어 두어라.
- 들은 것을 크게 말하고, 질문하고, 대답해 보라.
- 실천을 통해 대답을 얻어내라.

당신이 좋아하는 감각을 이용하라

당신이 특히 좋아하는 감각을 이용해서 배우는 것도 좋다. 보는 것을 좋아한다면 시각을 통해, 듣는 것을 좋아한다면 청각을 통해, 움직이는 것을 좋아한다면 운동감각을 통해 배워라. 당신이 어떤 감각을 좋아한다는 것이 뭔지 알 수 있으면 배움에 도움이 된다.

- 시각을 좋아하는 사람은 표나 차트, 지도를 이용하라.
- 청각을 좋아하는 사람은 카세트 테이프를 이용하라.
- 운동감각을 좋아하는 사람은 중요한 말을 행동으로 표현해 보라.

어떻게 익힐 것인가?

무언가를 배운다는 것은 자전거를 타거나 차를 운전하는 것과 같다. 처음에는 많이 어색하고 힘들게 느껴지지만 결국에는 익숙해지는 것을 느낄 것이다. 더 잘 배울 수 있기 위해 다음과 같은 단계를 익혀야 한다. 운전 배우는 것을 예로 들어보자.

1 단계

당신이 새로운 일을 시도하기 전에는 당신은 당신이 무엇을 알아야 하는지 조차 알지 못한다. 자신도 모르게 스스로 무능하다고 느낀다.

운전 – 다른 사람들이 운전하는 것을 보면 쉬워 보이는데 자신만 그렇지 못한 듯 하다.

2 단계

배우기 시작할 때 갑자기 당신이 모르고 있는 것들에 대해, 할 수 없는 것들에 대해 깨닫게 된다. 당신은 당신이 무능하다는 것을 깨닫게 된다.

운전– 처음으로 운전대에 앉았을 때 운전을 하면서 많은 일들을 동시에 해결해야 한다는 것을 알게 된다. 천천히 배우기 시작하지만 시간이 걸린다는 것을 알게 된다. 교통 법규도 알아야 하고, 기어 바꾸는 법도 알아야 하고, 밤에 운전하는 법, 주차하는 법도 알아야 한다. 당신은 친구나 운전학원 강사, 가족들에게 지도를 받게 된다. 꾸준히 노력하라.

3 단계

기술을 익히고 테스트도 받았다. 경험도 필요하고, 많은 실수도 할 것이다. 하지만 여전히 자신감이 없고, 생각해야 할 일들도 많다. 당신은 스스로 어느 정도 능력을 갖췄다는 것을 알게 된다.

운전 - 운전하는 법도 배우고 면허증도 받게 됐다. 하지만 운전할 때는 운전에만 몰두할 뿐 다른 것에 신경 쓸 정도는 못 된다. 여전히 실수가 많은데도 임시 번호판을 달고 정식운전을 시작해야 할 때가 왔다.

4단계

이제 경험도 많아지고 익숙해져서 당신이 무엇을 하고 있는지 깨닫지 못하는 상태에서도 일을 할 수 있다.

이제 일이 거의 본능 수준으로 되어가고 습관처럼 되어 있다. 이제 당신이 능력을 갖추고 있다는 것도 잊게 된다.

운전 - 운전을 하면서도 가끔 자신이 운전을 하고 있다는 사실도 잊을 때가 있다. 기어를 바꾸고, 길을 살피고, 운전대를 돌리고 있으면서도 말이다. 당신의 생각이 전혀 다른 곳에 가 있는 경우에도 습관적으로 운전을 하고 있다.

직접 판매에 능숙해지는 것도 운전을 하는 과정과 같다.

1단계 - 자신도 모르게 스스로 무능하다고 느끼는 단계

대부분의 사람들이 어떻게 일을 해야 할 지 모르고 있지만 당신은 당신만 유독 무능하다고 느낀다.

1단계 자신도 모르게 스스로 무능하다고 느끼는 단계	4단계 스스로 능력을 갖추고 있다는 것도 잊게 되는 단계
2단계 당신이 무능하다는 것을 깨닫게 되는 단계	3단계 스스로 어느 정도 능력을 갖췄다는 것을 알게 되는 단계

2단계 - 당신이 무능하다는 것을 깨닫게 되는 단계

일을 시작하고 당신은 갑자기 당신이 해야 할 일들과 알아야 할 것들이 한꺼번에 눈에 들어온다. 실수를 하고 스스로 어리석다고 생각되는 일들을 하게 된다. 당신의 생각대로 일이 잘 돼 주지 않고, 결과도 빨리 나타나지 않는다.

당신의 상위체계가 당신을 테스트한다. 운전학원 강사가 그러하듯이.

3단계 - 스스로 어느 정도 능력을 갖췄다는 것을 알게 되는 단계

테스트도 통과하고, 이제 당신이 능력을 갖추게 된다. 더 이상의 테스트는 없지만 당신은 상위체계나 당신의 회사에서 제공하는 것들을 잘 익혀둘 필요가 있다.

4단계 - 스스로 능력을 갖추고 있다는 것도 잊게 되는 단계

당신은 모든 단계를 마스터하고 실적에 따라 여러 가지 보너스도 받는다. 능력도 갖추고, 존경도 받고, 리더쉽을 갖게 되며 수입도 늘게 된다.

위의 사항들은 당신이 새로운 독립 사업자를 영입하게 될 때 들려주면 좋을 이야기들이다. 모든 상황들을 그 사람의 상황에 맞게 설명해 주고, 그들이 자신의 실수에 당황하지 않을 수 있도록 도와주어야 한다.

사람들은 왜 배우는 일을 멈추는가?

● 자신들이 왜 배워야 하는지 깨닫지 못하므로

●자신이 하는 일에 확신을 갖지 못하므로
●가기 자신을 믿지 못하므로

어떻게 하면 빨리 배울 수 있는가?

●자문하라 – 과연 그것이 내게 어떤 도움이 되는가?
●마음을 편히 먹고, 성공에 대해 자신감을 가져라.
●당신이 그 일을 배우고 난 후에 어떤 이익이 있을지 그려 보라.
●당신이 아는 것과 모르는 일을 체크하라.
●작은 것부터 하나씩 차근차근 익혀나가라.
●자기 자신과 다른 사람에게 많은 질문을 하라.
●배운 대로 행동하고 알아야 할 것을 적어 매일 큰소리로 읽어 보라.
●가능한 한 모든 감각을 이용하여 알고자 하는 것을 오래 기억할 수 있도록 하라.
●최대한 많이 암기하라.
●당신이 알고 있는 것들을 다른 사람들에게 보여 주고, 그것을 증명해 보이라.
●당신이 잘 하고 있는 건지 생각해 보고, 더 잘 할 수 있도록 노력하라.

원칙 지도하기

이 책을 당신의 팀 지도에 쓰면 좋을 것이다. 각각의 파트에 나와 있는 것들을 따라하도록 지시하라. 서너 명 팀을 이뤄 지도하는 교육을 시키고 그들로 하여금 다른 조직들을 교육하게 하는 방식이 바람직하다.

원칙에 대해 질문하고 대답하는 형식을 취해도 좋고, 잘 알고 있는 사람을 인정해 줌으로 사기를 북돋아 주는 것도 좋다.

배움에 있어서 반복 이상 좋은 것은 없다. 당신이 더 많은 자료를 이용해 교육할 수록 당신의 팀은 더 빨리 발전한다.

모두 함께 모여 학습할 기회를 갖는다면 팀 정신을 개발하는 데도 한 몫 할 것이다. 그 편이 훨씬 재미있고 유익하다.

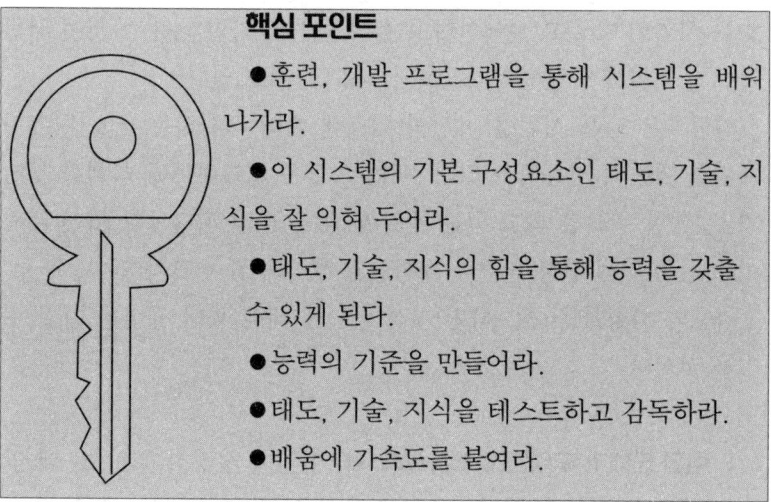

핵심 포인트

● 훈련, 개발 프로그램을 통해 시스템을 배워 나가라.

● 이 시스템의 기본 구성요소인 태도, 기술, 지식을 잘 익혀 두어라.

● 태도, 기술, 지식의 힘을 통해 능력을 갖출 수 있게 된다.

● 능력의 기준을 만들어라.

● 태도, 기술, 지식을 테스트하고 감독하라.

● 배움에 가속도를 붙여라.

요 약

직접 판매의 10가지 원칙은 간단하고 배우기도 쉽다. 하지만 경우에 따라 배우기 어렵기도 하다. 오로지 지속적인 인내를 통해서만 익힐 수 있는 것이다. 나는 여러분들이 자신이 이렇게까지 노력해야만 하는 이유를 알고 있기를 바란다.

나는 모든 사람들이 과연 직접 판매가 믿을 만하고 발전 가능성이 있는 사업인지 알고 싶어한다고 생각한다. 하지만 나는 이것이 사람들에게 적절하게 설명되고 있지 않다고 느끼고 있다.

사람들은 많은 시간을 자신의 미래에 대해 계획하는 데보다 휴가 계획을 짜는데 사용하고 있다. 과연 그들은 계획하는데 실패한 것인가, 실패할 계획을 하고 있는 것일까. 앞을 멀리 내다보고 어떤 계획이 자신을 위해 진정 필요한 계획인지 생각해 볼 필요가 있다.

다음의 사항들을 참고하면 자신의 일에 대해 좀더 흥미를 가질 수 있을 것이다.

1. **직접 판매가 무엇인지 조사하라.** 왜 이 일이 성장하고 있고, 왜 앞으로 가장 전망있는 사업으로 꼽히는지 알아 보라. 가능한 한 많은 책과 잡지를 접하고 이 일에 성공한 사람들에게 조언을 들어라.

지금 경제가 직접 판매 위주로 빠르게 변화하고 있다. 당신도 이 변화에 발맞추어야 한다.

2. **당신의 회사를 조사하라.** 과연 성공할 만한 곳인지 살펴 보라.

3. **직접 판매의 10가지 원칙을 익혀라.** 이 책을 참고하라.

4. **당신 회사의 조직체계를 익혀라.** 당신이 능력을 갖출 때까지

5. **계획하고 실천하라.**

기회를 놓치지 마라

비가 억수 같이 퍼붓는 날이 계속되자 모든 사람들은 그 마을에 홍수가 날 거라고 생각하고 피신을 가느라 바빴다.

짐은 자신의 집에 앉아 중얼거렸다.

'나는 기도를 해뒀으니 괜찮아. 하느님이 나를 구해주겠다는 신호를 보낼 때까지 기다리고 있어야지.'

그때 갑자기 문을 두드리는 소리가 들려 나가 보니 경찰관 한 명이 밖에 서 있었다.

"서두르세요, 곧 홍수가 날 겁니다. 내가 트럭을 몰고 왔으니 함께 떠납시다."

"나는 기도를 해뒀으니 괜찮아요. 하느님이 나를 구해주겠다는 신호를 보낼 때까지 기다리고 있을 거예요."

경찰이 가고 비가 더 거세져서 짐의 집 1층이 모두 물에 차 버렸다. 그는 하는 수 없이 2층으로 올라가 몸을 피했다.

그때 또 다시 창문을 두드리는 소리가 들렸고 이번에는 군인 한 명이 2층 높이로 물이 차 보트를 타고 지나갔다. 그러다 창문으로 머리를 집어넣고 소리쳤다.

"물이 더 차오르기 시작할 거예요. 어서 보트에 타세요."

"나는 기도를 해뒀으니 괜찮아요. 하느님이 나를 구해주겠다는 신호를 보낼 때까지 기다리고 있을 거예요."

군인이 가고 나서 순식간에 물이 2층까지 잠길 정도로 차 버렸다. 하는 수 없이 그는 지붕으로 올라갔다. 그때 헬리콥터 소리가 들렸고 누군가가 소리쳤다.

"어서 타세요. 그러고 있으면 생명을 잃을 지도 몰라요."

나는 기도를 해뒀으니 괜찮아요. 하느님이 나를 구해주겠다는 신호를 보낼 때까지 기다리고 있을 거예요."

짐은 같은 대답을 되풀이하며 그를 돌려보냈고, 급기야 물이 지붕까지 차올라서 목숨을 잃게 되었다.

그는 하늘나라에 도착해서 화가 난 목소리로 하느님에게 따졌다.

"도대체 어떻게 된 건가요? 당신에게 기도하고 또 했는데."

"너야말로 무슨 소리를 하는 거냐? 경찰과 보트와 헬리콥터를 돌려 보내더니 더 이상 무엇을 바란 것이더냐?"

새로운 기술들의 홍수는 전통적인 직업관을 바꾸고 있고, 살아가는 방식도 변하게 만들고 있다. 인생이란 자신에게 주워진 기회를 적절히 활용하며 사는 것이다. 나는 당신이 기회가 다가왔을 때 잡을 줄 아는 사람이기를 희망한다.

지금까지 직접 판매에 관한 10가지 원칙을 이해하느라 기꺼이 시간을 내어주신 데에 대해 깊은 감사를 드립니다. 이것들은 익히기에 그다지 어려운 것들도 아니며 모두 익히고 났을 때의 대가는 나도 설명할 수 없을 만큼 크다고 말해 두고 싶습니다.

당신의 꿈을 향해 한 걸음 나아가는 발걸음마다 행운이 함께 하길
빕니다.

유용한 정보

직접 판매에 관한 10가지 원칙 이외에도 당신에게 필요할 것 같은 8가지의 특별한 부록을 덧붙인다.

1. 곱하기 3의 위력
2. 힘 기르기
3. 3단계 전략
4. 열의를 가진 사람들과 일하기

위의 사항들은 제대로 된 팀을 운영하기 위해 필요한 것들이다.

5. 이력 개발
6. 능력 vs. 결과

또 위의 2가지는 당신이 스스로의 이력을 개발하는 데 도움이 되는 것들이며,

7. 얼마의 대가를 치러야 하나
8. 시간이 걸린다.

나머지 2가지는 당신이 직접 판매를 하면서 투자할 만한 가치가 있는 중요한 두 가지에 대해 적어 놓았다. 바로 돈과 시간이 그것이다,

#1. 곱하기 3의 위력

당신의 조직을 개발시키는 데 아주 중요한 요소 중의 하나가 바로 이 '곱하기 3의 위력'을 적용시키는 것이다. 당신은 조직이 어떻게 성장해 나가며 그것이 조직 성장에 어떤 영향을 주는지 사람들에게 설명해 주어야 한다.

곱하기 5원칙

원래 전통적인 방식은 '곱하기 5원칙'이었다.

당신이 5명의 사람을 모집하고, 그 5명에게 다시 5명씩 모집하도록 지도하는 방식으로 결국 당신은 5+25=30으로 팀에 30명의 인원을 확보하게 되는 것이다. 다시 그 25명의 사람들이 5명씩 모집하게 되고, 그 다음 또 같은 방식으로 인원을 늘려나가게 된다.

처음 5명의 인원에서 780명의 조직원들을 확보하게 되는 놀라운 결과를 낳게 되고, 결국 그렇게 함으로써 많은 사람들이 조금씩 일하고 큰 이익을 얻으며 효율적으로 일할 수 있다.

당신
5
×5
25
×5
125
×5
625
총 780

요점

●이것은 큰 조직을 이루기 위해 한 사람이 많은 사람을 모집해야 할 필요가 없다는 것을 잘 보여주고 있다.

●그림을 이용해서 숫자의 힘을 보여주는 것도 좋다.

●이것은 조직의 중요성을 보여 주는 동시에 당신이 625명의 인원

을 제대로 지도하지 않으면 제대로 된 조직을 운영할 수 없다는 것도 암시하고 있다.

도전

나폴레옹의 말을 기억하는가?

'인간은 할 수 있다고 믿으면, 그 일을 성취해 낼 수 있다.'

자신이 새로운 독립 사업자를 모집하는 데 있어서 5명의 인원을 모을 수 있다는 믿음을 갖지 않으면 정말로 할 수 없다. 상위체계가 돕는다고 하더라도 말이다. 그 사람이 5명을 모집하는데 실패했다고 가정하자. 그러면 어떻게 되겠는가? 당연히 당신의 조직이 흔들리게 되는 것이다.

해결책

지금까지의 경험으로 봐서 독립 사업자들은 스폰서의 도움으로 최대 3명까지는 무난히 모집할 수 있다. 은연중에 그 정도의 사람이라면 모집할 수 있다는 생각을 가지고 있는 것이다. 마음속으로 모집 가능한 사람들을 떠올리게 된다.

당신
3
$\times 3$
9
$\times 3$
27
$\times 3$
81
총 120

'짐은 적당할 것 같고, 메리도 찬성할 거야. 샤샤도 좋아할 지도 몰라.'

이렇게 되면 조직의 인원을 늘리는데 큰 부담을 느끼지 않아도 될 것이다. 단, 중요한 것은 이정도는 누구든 할 수 있어야 한다는 것이다.

과연 충분할까?

어떤 사람은 곱하기 3원칙을 적용시키면 과연 충분한 인원을 확보할 수 있을까 우려하기도 한다. 그들은 곱하기 5원칙이 적당하다고 생각한다. 곱하기 3과 인원으로 비교해 본다면 780대 120인 셈이니까. 또 새로 들어온 독립 사업자들 중에는 곱하기 3이 너무 빈약해 보여 조직에 대한 믿음이 잘 가지 않을 수도 있다.

3×3×3원칙이 실행 가능하다면 수를 높여갈 수도 있다. 6×6×6의 원칙으로 실행하게 될 경우 총 1,434명이 되는 것이다.

처음에 성취할 수 있다는 작은 목표로 시작하면 이루어 내기도 쉽고 거기에 자신감이 붙어 더 큰 일을 해낼 수 있다.

이게 바로 곱하기 3의 위력이 아니겠는가?

#2. 힘 기르기

모든 생명체는 세포들이 조직을 이루어 생겨난 것이다. 인간의 몸의 힘도 작은 세포들이 바탕이 된다. 높은 담장의 힘도 사실 작은 벽돌들이 조직을 잘 이루어 냈기 때문에 생기는 것이다.

조직도 이런 개념의 파워 유닛 (Power Unit-강한 기본 조직체)을 형성해야만 한다. 우리가 조직 구조에 가장 힘써야 하는 것이 바로 이 부분인 것이다. 앞으로 이런 기본 구조를 '파워 유닛' 이라는 용어를 써 설명하겠다.

파워 유닛은 1×3×9의 구조를 가지고 있다. 우선 한 사람을 소개하고 그들에게 각각 3명씩 소개하게 한 후 그 사람들도 각각 3명씩 소개할 수 있도록 유도하는 것을 말한다. 그래서 파워 유닛의 총 인원은 13명이 된다.

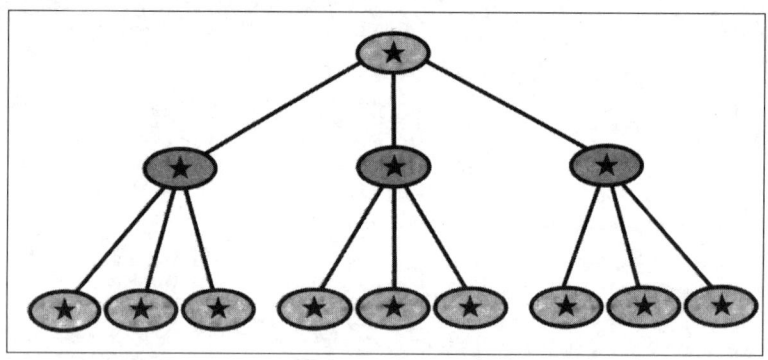

파워 유닛(Power Unit)

당신이 할 일

처음 조직을 구성할 때 3개의 파워 유닛을 형성하는 것이 당신이 할 일이다. 즉 3명을 소개한 후 그들에게 각각 자신들만의 파워 유닛을 구성할 수 있도록 돕는다.

융통성 있는 숫자 조절

어떻게 하면 수천 명의 사람들을 소개할 수 있을까? 간단하다. 파워 유닛의 구성원들에게 작은 그룹을 지어 주고 그들이 이루어 내기 쉬운 인원으로 조정해 그들만의 파워 유닛을 만들도록 하는 것이다. 이렇게 하면 모든 사람들이 성공에 대해 큰 부담을 느끼지 않을 수 있다.

보통 이 그룹들은 자신과 그 아래로 3명으로 구성되는데 사람들은 이 3명이라는 숫자에 대해 크게 어려움을 느끼지 않을 수 있을뿐더러 자신도 파워 유닛을 가질 수 있다는 자신감을 가질 수도 있게 된다. 그 결과 조직 내의 모든 사람들이 성공으로 한발 더 가까이 다가가게 되는 것이다.

#3. 3단계 전략

당신의 조직이 성장할 수 있는 길은 모든 사람이 파워 유닛을 조직해 낼 수 있고 또 그들이 모집한 사람들을 적적히 지도할 수 있는 데에 있다.

효율적인 시간 활용을 위해서 당신이 팀내의 몇 명 정도를 지도할 수 있는가 생각해 보아야 한다. 거의 모두가 3명이라고 생각할 것이다.

옆의 표를 보며 예를 들어 설명하면 당신이 프레드에게 기본 원칙을 이용해 파워 유닛을 조직하는 법을 지도하고, 프레드로 하여금 메리를, 또 메리로 하여금 샤샤를 지도하도록 하면 일은 쉬워진다.

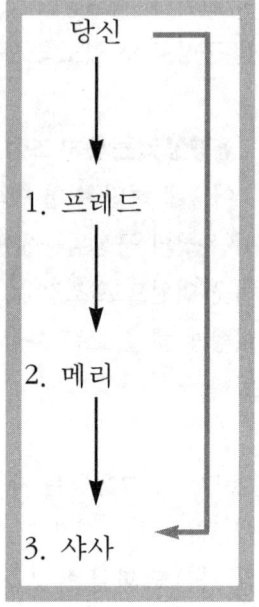

당신은 지도하는 방법을 지도하게 된다. 이렇게 조직을 확장시켜 나갈 수 있다

그 다음 메리가 지도 받은 것들에 대해 잘 수행하고 있는지 확인한 후 그렇지 못할 경우에는 프레드의 자리를 다른 사람과 교체해야 하고, 또 샤샤를 확인했을 때 그렇지 못하다고 하면 메리 또한 교체되어야 한다. 각각의 위치에 있는 사람들이 자신의 일을 제대로 수행해 나가야만 당신은 당신이 할 일을 제대로 하고 있는 것이며 3단계 전략이 효과가 있는 것이다.

말처럼 쉽지 않다.

배운 것들을 실제로 활용하는 것은 말처럼 쉬운 것이 아니라는 것은 우리 모두 알고 있다. 사람들은 모두 다른 동기와 인간관계를 가지고 있다.

처음에 너무 많은 욕심을 가지고 3단계 전략이 아니라 더 많은 인원 5, 6 혹은 더 많은 단계의 전략을 가지고 시작한다면 조금은 무리가 따를 것이다. 물론 그것이 가능하다면 훨씬 더 좋은 결과를 가져오겠지만 말이다. 하지만 그것에 실패한다면 당신의 평가가 별로 좋지 않게 돼 보상제도를 받는 데도 불리해 질 것이며, 그렇게 되면 당신은 시간만 낭비하는 것이다.

우선 작은 파워 유닛을 결성해서 거기에 따른 이익을 얻은 후 더 많은 교육을 받고, 더 많은 인원을 확보하면 된다. 팀 내에서 이 3단계 전략이 확고하게 자리를 잡으면 그 결과는 놀라울 만큼 훌륭하다는 것을 알게 될 것이다.

#4. 열의를 가진 사람들과 일하기

직접 판매에서 시간은 소중한 자본 중 하나이다. 최대한 시간을 낭비하지 않을 수 있는 일을 해내는 것도 하나의 능력이다.

당신의 시간을 적절히 나눠 쓰기 위해 제대로 된 시스템을 이용해서 효과적으로 지도하는 것도 중요하다. 그때 가장 중요한 것은 지도를 받는 사람들이 열의를 가진 사람들이어야 한다는 것이다.

열의란?

다음과 같은 사람들을 모두 소개해 제대로 지도할 수 있는 능력을 말한다.

- 약속만 하고 지키지 않는 사람
- 아무 것도 못한다고 말하며, 실제로도 아무 것도 못하는 사람
- 아무 것도 못한다고 말하면서도 무엇이든 해내는 사람
- 대단한 가능성을 가지고 있고 경제적으로 많이 힘들지만 아무 것도 하지 않는 사람
- 가능성도 없고, 시간도 없고, 성공에 대한 필요성도 못 느끼는 사람도 당신 회사에 필요한 인재가 될 수 있다.

사람을 상대하는 한 가지 규칙이 있다. 바로 '사람을 상대하는 일에는 규칙이 없다' 는 것이다.

시간이 지나면서 당신은 이 경우에 해당하는 사람들을 모두 만날 수 있게 될 것이다. 그들에게 모두 동등한 기회를 주고, 또 그들 모두에게 당신의 시간을 동등하게 투자해 보라. 그 결과 당신이 함께 일할 수 있을 것 같은 정말 열의 있는 사람들만 선택하라.

- ●배우는 데 열의를 가진 사람
- ●일하는데 열의를 가진 사람
- ●연습하고, 연습하고, 또 연습 해 볼 수 있는 사람
- ●결과에 인내를 가질 수 있는 사람
- ●실수를 해도 다시 해 볼 수 있다는 자세로 임하는 사람

만약 열의를 가진 사람들과 일할 수 있다면 당신은 튼튼한 조직을 형성할 수 있고, 당신과 당신의 조직들은 모두 꿈을 실현시킬 수 있을 것이다.

#5. 이력 개발

어떻게 직접 판매를 통해 당신의 이력을 개발할 수 있을까?

모든 사람들의 이력은 '개발의 단계'를 통해 이력을 완성시켜 나간다.

처음 일을 시작할 때는 스폰서나 상위체계에 의존하게 된다. 그들의 도움으로 태도나 기술, 지식을 익히며 능력도 갖추고 독립할 수 있는 힘도 기른다. 시간이 흐른 후 모두 서로 의지하고, 도와 가며 일하는 것이 효율적이라는 것을 알게 되고, 모두에게 좋은 방향으로 도우며 일할 수 있는 방법을 찾게 된다. 그들은 상호 협조 하에 일할 수 있게 되는 것이다.

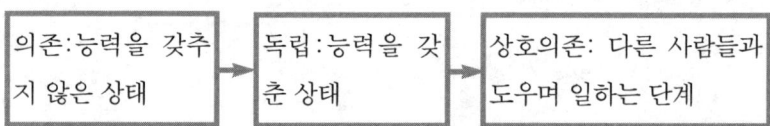

의존:능력을 갖추지 않은 상태	→	독립:능력을 갖춘 상태	→	상호의존: 다른 사람들과 도우며 일하는 단계

개발활동

직접 판매를 하는 동안 당신은 더 나은 인간이 되기 위한 것들에 대해서도 배울 필요가 있다. 다음과 같은 이력 개발 활동을 통해서도 인간으로서의 좀더 나은 자세와 태도를 익힐 수 있다.

a. 개인적인 개발활동

당신을 한 사람의 개인으로서 생각하고 성격과 태도, 인격을 갖춰 나가는 데에도 소홀하지 말 것.

b. 직업 개발활동

독립 사업자를 소개하는 방법 등과 같이 전문적인 직접 판매 기술을 익힐 것.

c. 리더쉽 개발활동

조직 내 최고의 리더가 될 수 있도록 능력을 개발할 것. 철저한 전략과 계획 등을 통한 개발이 필요하다.

위의 사항을 10가지 기본 원칙에 적용시켜 보자.

a-1. 개인적인 개발활동

원칙 1 동기를 유발하라.

원칙 2 성격을 꾸준히 개발하라.

b-1. 직업 개발활동

원칙 3 이력을 효과적으로 관리하라.

원칙 4 끊임없이 설명하라.

원칙 5 끊임없이 끌어들여라.

원칙 6 독립 사업자가 스스로 일할 수 있을 때까지 지도하라.

원칙 7 개인적인 성공을 인정하라.

원칙 8 당신의 '스타' 와 의사 소통하라.

원칙 9. 이벤트를 만드는 데 소홀하지 마라.

c.-1. 리더쉽 개발활동

원칙 10 팀 정신을 개발하라.

당신이 능력을 갖춘 독립적인 사업자가 된다면 당신은 당신의 이력을 가지게 된 것이며 또 그것을 개발할 수 있는 기회를 가지게 된 것이나 다름없다. 이렇게 하기 위해서는 위의 원칙들을 잘 활용해야 하며 그것이 곧 당신의 행복과 당신이 개인적인 명예를 얻는 데에도 큰 영향을 끼칠 것이다. 이것이 직접 판매를 함으로 얻는 참된 보상이다.

#6. 능력 vs. 결과

　팀에 새로 들어온 사람들은 배우는 것과 그것을 통해 얻게 되는 결과에 대해 많이 고심한다. 과연 배우는 대로 될까?

　당신도 알다시피 일이 익숙해질 때까지 배워야 한다. 하지만 대부분이 그것들을 배운 즉시 효과가 있길 바라고 그것을 통해 자신을 증명하고 싶어한다. 하지만 불행히도 이 일은 의사나 변호사처럼 그 일을 얼마나 오래 동안 해왔느냐 하는 것에 기본 점수를 얻는 것과는 다르다. 당신이 그 일에 성과를 얻고, 일을 잘 한다는 평가를 받기 위해서는 많은 시행과 착오가 뒤따라야 한다.

　직접 판매에서는 배우는 것이 버는 것이다. 당신이 배운 것들을 가지고 나가서 활동하게 되는 것이다. 그 결과가 즉시 나타날 수도 있고, 아니면 늦게 나타날 수도 있다. 대부분의 이 분야에 성공한 사람들은 수 년 동안 배우고 일한 결과 마침내 성공을 이룬 사람들이다. 또 그들은 성공을 하고 나서도 끊임없이 배우고 연구한다.

훈련, 개발 프로그램
단기간 프로그램

　대체로 직접 판매와 같이 세일즈를 해야 하는 사람들을 위한 프로그램들은 즉각 즉각 실행에 옮길 수 있도록 고안되어져 있는 것들이 있다.

　그들은 가능한 한 빨리 시장에 뛰어들고, 또 그것에 대한 결과를 얻을 수 있다고 생각하게 된다. 최근 그것들이 점점 더 단기간에 실행될 수 있는 것들로 바뀌고 있다. 그래서 당장이라도 나가서 물건을 팔 수 있다는 생각을 갖게 하고, 상품의 성질을 파악한 후 그것들을 살 사람들을 찾는 법도 생각해 볼 것이다.

이런 단기간 프로그램들은 정식으로 테스트를 하거나 정신으로 감독할 수 있지도 않다.

노력에 대한 성과를 평가할 때 회사에서는 모든 사람들이 자신들의 '스타'를 상대로 얼마의 판매 성과를 올렸느냐를 비교한다. 회사에서는 그에 따라 인정을 해주고 거기에 따른 보상을 해 주게 된다. 하지만 이런 단기간 프로그램들은 충분한 학습 시기를 거치지 않기 때문에 기본을 탄탄하게 하는 데는 별 도움을 주지 못한다. 따라서 연이어 실패를 하게 되고, 직접 판매를 선택한 것에 대해 전혀 보람을 느끼지 못한다.

능력이 기본이 되는 프로그램

반면에 독립 사업자들의 능력 신장을 기본으로 한 프로그램은 매우 다양한 수준에 맞는 지식, 기술, 태도 등을 마련해 놓고 누구든 일을 시작할 수 있도록 돕는다.

이 프로그램의 장점은 사람마다 목표와 배우는 속도와 능력이 다르다는 것을 감안해 만들었다는 것에 있다. 그런 이유로 아직 제대로 원칙을 파악하지도 못하고 일에 대해 지식도 없는 무능한 사람들이 서툴게 일해 실패하는 일을 줄일 수 있는 것이다. (마치 면허증 없이 운전하는 사람들과 비유할 수 있겠다.)

이 프로그램은 오로지 능력을 갖춘 사람만 일할 수 있도록 한다. 그러므로 그 사람은 감독을 받게 되고 능력을 테스트 받아야만 하는 것이다. 그래야 그 사람이 능력을 갖춘 사람인지 알 수 있을 테니까.

그렇게 능력을 인정받으면 일할 수 있게 되고 그 결과는 더 나아질 수밖에 없는 것이다. 이 능력이 기본이 되는 프로그램은 시간이 좀 걸리더라도 모든 사람들이 성공할 수 있도록 하는 데 그 목적을 두고 있다.

당신이 해야 할 일

당신이 해야 할 일은 이런 사람들과 일하면서 그들에게서 당신이 원하는 결과를 얻을 수 있도록 그들에게 시간과 노력을 투자하는 일이다. 그들이 당신의 가장 소중한 재산이라 생각하고 그들을 돕는데 주력하라. 농부가 가을의 수확을 위해 자신의 논을 가꾸듯 당신은 당신과 그들의 성공을 위해 노력을 아끼지 말아야 할 것이다.

#7. 얼마의 대가를 치러야 하나

사람들은 직접 판매를 시작하기 위해 얼마의 돈을 치러야 하는 지 알고 싶어한다.

직접 판매는 오늘 날의 경제에 있어서 가장 적은 돈을 투자하고 가장 큰 가능성을 지닌 사업의 기회를 준다. 중요한 것은 이것에 있어 정해진 액수가 없다는 것이다. 누구도 투자한 액수에 대해 언급하는 사람이 없으며 적다고 얕잡아 보거나 또, 그 돈을 투자한 것에 대해 불평을 하는 사람은 없다.

사업을 해 본 사람은 직접 판매가 여타의 다른 사업들과 전문적인 면에서 비교했을 때 전혀 손색이 없다는 것을 알고 있을 것이다. 더더욱 이제 막 시작하는 신생사업이나 거의 가능성 없는 프렌차이즈 사업과는 비교할 가치도 없다.

직접 판매를 시작할 때의 기본 액수는 얼마든 상관없지만 반드시 지불해야만 하는 것이다.

판매 자료

새로운 독립 사업자들은 고객을 확보하기 위해 소책자나 카세트나 오디오 테이프, 책 등을 이용하라.

사람들은 이 자료를 보고 주문을 할 수 있다. 직접 판매는 최대한 많은 자료를 가지고 독립 사업

자들을 많이 확보하는데 주력하는 일종의 숫자게임이다. 심지어 직접 판매를 아르바이트로 하는 사람들조차 언제나 활용할 수 있는 최소 10만 원에서 30만 원 어치 정도의 자료를 확보해 놓고 있어야 한다. 팀의 리더 정도라면 100만 원 정도의 자료를 확보해 둘 필요가 있다.

훈련, 개발 프로그램

당신의 회사에서 훈련, 개발에 필요한 자료를 신청료를 지불하고 구할 수 있다. 이런 자료들 이외에도 필요한 훈련, 개발 프로그램에 필요한 책이나 오디오, 비디오 테이프가 있다면 구입할 수 있다. 한 해에 몇 십 만원 정도의 비용이 든다.

모임이나 이벤트 비용

당신은 1년 동안 수많은 미팅과 행사에 참석할 필요가 있을 것이다. 직접 판매 훈련과 이벤트에는 많은 비용이 든다. 하지만 다른 산업에 있어서 기본 훈련과 이벤트에 참여하는 것에는 하루에 20만 원 정도가 든다. 1년이면 수십 만원이 넘게 든다. 그것에 비교하면 많지 않은 돈이다.

정보료

보이스 메일이나, 인터넷, 인공위성 시스템 같은 것들을 통해 제공받는다. 모든 사람들이 회사의 보이스 메일 시스템은 반드시 갖추어야 한다.

운영비

전화비, 교통비, 문구류 등 다른 것에 필요한 비용들에 대해 미리 예산을 짜 두어야 한다.

상품비

회사마다 다양한 상품을 가지고 있어서 정확한 목록을 적긴 어렵다.

총비용

운영비나 상품비를 제외하고 아르바이트를 하는 사람들도 자신의 조직을 개발하기 위해 한 해 최소 50만 원, 70만 원 정도 든다. 만약 초기 비용이 충분하지 않다면 당신이 할 수 있는 액수만큼의 돈을 융통해서 사용하는 것도 좋다.

처음에는 많은 수입을 얻지 못하겠지만 시간이 흐르면서 눈에 띄게 수입이 늘어나는 것을 확인할 수 있을 것이다. 당신에게 돈을 빌려줄 수 있는 사람에게 몇 달 안에 당신이 금방 수입을 늘려나갈 수 있고, 큰 이윤도 얻을 수 있을 거라는 확신을 심어주어라. 이것이 많고 능력있는 사람들을 놓치지 않을 수 있는 세일즈 정신이다.

#8. 시간이 걸린다.

직접 판매에 관여한 모든 사람들은 큰 수입에 대한 꿈을 가지고 시작한다. 비록 그들은 아니라고 할 지 몰라도. 수입을 얻기 위해서는 시간과 돈을 투자해야하므로 현실감을 가져야 한다.

독립적인 수입을 갖기 위해서는 2년에서 5년 정도가 걸린다.
그것이 빨리 이루어질 거라고 생각한다면 당신에게는 큰 실망감과 자책감만이 남겨질 뿐이다.
많은 사람들이 당신을 지도하기 위해 시간, 노력, 돈을 투자하고 있다. 당신은 그들의 노력에 감사하는 마음을 가져야 한다. 당신이 그들로부터 독립될 때까지 그들은 당신으로 인해 어떤 이익도 얻을 수 없다. 한 회사에서 일에 능숙해질 때까지 최소 2년 정도는 걸린다고 생각하면 된다.

독립할 수 있는 시간 - 6개월에서 2년

당신의 처음 목표는 당신의 스폰서로부터 독립하는 것으로 정해야 한다. 능력을 갖추고 자신감을 가져야 한다. 이 시간은 당신의 기술에 따라 달라지고, 당신의 배우는 속도에 따라 달라진다. 이것은 경주가 아니라 모든 사람이 저마다의 능력에 맞게 움직이게 된다. 경험상 그 시기는 6개월에서 2년 정도가 걸린다.

독립적인 조직을 갖추기 위한 시간 - 18개월에서 3년

당신의 노력이 없이는 독립적인 조직을 갖출 수 없다. 이것은 당신의 팀에 독립적인 사업자가 얼마나 많은가에 달려 있다. (만약 당신이 훌륭한 사람들을 빨리 찾을 수 있다면 약간의 운도 작용한다.)

모든 사람들이 정해진 시간을 잘 지키고, 일을 할 수 있다면 독립적인 조직을 갖추기 위한 시간은 18개월에서 3년 정도가 걸린다.

총 시간-2년에서 5년

당신이 제대로 된 기술을 얼마나 활용하는가와 당신의 기회가 얼마나 괜찮은가, 당신이 얼마나 빨리 일을 수행하는가에 따라 독립적인 사업자가 2년에서 5년 정도의 시간이 걸린다.

준비 기간

당신이 일정 기간 준비 기간을 갖고 당신이 왜 직접 판매에 참여했는지 여러 번 생각해 보아야 할 것이다.

빨리 부자가 되어야겠다는 계획을 가진 사람 치고 부자가 쉽게 되는 사람을 보지 못 했다.

모든 일에는 3~5년 정도 배우고 익숙해지는 시기를 거쳐야 한다. 적어도 직접 판매는 5년 후가 아니라 5년 안에 높은 수익을 보장하는 것이다.

자 이제 성공에 대해 조급하게 생각하지 않을 수 있겠는가?

기타 관련 자료

웹 사이트 - www.ludbrook.com

최신 직접 판매의 자료를 올려놓는 에듀워드 루드브룩의 사이트. 유럽의 경제에 관한 자료를 올려놓기도 한다. 에듀워드 루드브룩이 보내주는 산업과 경제 관련 뉴스도 e-mail로 받아볼 수 있다. 이곳에 회사들에 대한 정보는 실려 있지 않다.

전망(Big picture) - 왜 직접 판매가 붐을 일으키고 있는가

왜 직접 판매가 붐을 일으키고 있는가에 대해 재미있게 적어 내려간 책. London's Evening Standard newspaper에 12개월 간 실린 에듀워드 루드브룩의 기사로 꾸며져 있다. 매일 1백만의 독자가 그의 기사를 읽었으며 London's Evening Standard newspaper에서도 그를 최고의 집필가로 꼽고 있다. 이 영향으로 다른 여타 경제 정보지에도 칼럼을 쓰고 있다. 이 칼럼들에는 왜 사람들이 직접 판매에 참여해야 하는가에 대해 논리적으로 적어놓았고 실제로 수천 명의 사람들이 그의 칼럼을 읽고 이 일에 뛰어들었다.

정상에서 - 성공과 행복을 위한 여성들의 가이드 (by 비키 바커)

많은 여성들이 내게 자기 개발에 좋은 책을 추천해 달라고 부탁해온다. 이 책이야말로 내가 추천하고 싶은 유일한 책이다. 내 세미나에 사용된 어떤 책도 이렇게 큰 울림을 가지고 있던 책은 없으며 많은 여성들로부터 엄지손가락을 추켜들게 할만큼 훌륭한 책은 없었다.

여자들은 자신감을 얻거나 자기 개발을 위한 것들을 설명할 때 유머스러운 것을 선호하는 편인데 이 책이 그것에 가장 적절하게 맞는 듯 하다.

- 에듀워드 루드브룩